仕事に効く！

繰り返す世界史

島崎 晋

SOGO HOREI PUBLISHING CO., LTD

まえがき

歴史は繰り返す――。

この格言に異常なまでの反発を示す人が少なくない。彼らに共通するのは枝葉末節を取り上げることで頑なに否定するか、凡人ならいざ知らず、自分たちは別だという自意識である。他の国、他の民族、他の政党支持者は同じ過ちを繰り返すが、自分の国や支持政党、自分と主義主張を同じくする者は決してそんなことはないと強弁するのである。こういう類の人びとは、人類に他の動物より劣るところがあるのを認めたくないか、選民意識が過剰なのだろう。

現実の歴史を顧みれば、人類が経験から学ぶことで進化したことも事実なら、同じ愚を繰り返してきたのもまた事実だった。極論を言えば、人類の歴史は漏れなくそのどちらかに分類される。

本書はその具体的な例を「憲法」「移民」「貿易」「指導者」「宗教」「環境」「貨幣」「発明」の8つをキーワードにして読めるものにした。並び順は時系列に沿ってはおらず、「歴史は繰り返す」が実感できることを第一とした。かといって、前から順に読む必要はなく、各自の興味に合わせ読み進めてもらって構わない。どういう順番にせよ、全体を読み通せば、本書の意図するところは理解してもらえるはずである。

念のため言えば、本書は読者に諦観を求めるものではなく、抗しがたい時代の大きな流れの存在を自覚すると同時に、どうすれば愚行の繰り返しを回避できるか、考える癖をつけて欲しいとの願いを込めた企画である。流行に流されることも、ブラック規則や同調圧力に屈することもなく、おかしいと思えば大勢に背を向けてでもわが道を行く。われわれはいいかげん勇気を持って、「レミングの法則」から抜け出す時期にきているのではないか。

発明家を始め、偉大な業績を残した人はたいてい変わり者である。歴史を動かすきっかけを作るのは彼ら変わり者であり、周囲を気にしているようでは斬新な発想も浮かばなければ、行動にも出られない。嘆いているだけでは何も変わらないのは歴然とした事実なのだから、今こそわれわれは先人の経験を参考にして、自分のなすべき道を探し求めるべきなのではないか。本書がそのきっかけとなれば幸いである。

Contents

どうしてアメリカは不法移民が増え続けるのか／19世紀はなぜ「移民の世紀」と呼ばれるのか／欧州列強の綱引きの均衡点が生んだ国家／イベリア半島から追い出された異教徒たち／国家に翻弄され続けながら民族国家を建設／西ローマ帝国を滅ぼしたのは誰なのか／極東の島に流れてきた二つの民族／コロンブス以前に北米大陸に到達した民族／国家を失った民族がたどった足跡

Chapter 3

貿易

七つの海をわたり巨額の富を手に！

◆概要　東西をつなげた貿易が世界を大きく変えた

日本に開国を迫ったアメリカの事情／欧州列強がアジアを植民地化した理由／滅ぼされた武器を持たない都市国家／自国優先主義が生み出す経済の不均衡／なぜオランダがヘゲモニー国家になれたのか／航海術の発達が欧州の食卓を変えた／大量生産のために必要だった労働力／採算を度外視した中国の朝貢貿易／「パクス・ブリタニカ」の汚点となったアヘン戦争

驚異から生まれたイスラム過激派／派閥間の争いに巻き込まれる民衆たち／なぜユダヤ人の迫害は繰り返されるのか？／寛容と不寛容の中国人の宗教観／なぜインドでレイプ事件が続発するのか？／キリスト教の迫害から公認に転じたのはなぜか？

◆概要　どうして人間は環境を破壊し続けるのか

人類が直面する史上最大の脅威、地球温暖化／北京オリンピックでの作られた青空／ナショナル・トラストが英国発である理由とは？／フランス革命の引き金は火山の噴火だった／地中海沿岸にはどうして森林がないのか？／国を動かした火山の噴火、干ばつ、水害……／中国にとっての「治水」とは

装丁&本文デザイン　藤塚尚子
ＤＴＰ　横内俊彦

Chapter I

憲法

国家と国民の間にあり、
両者をつなげる法典

憲法は誰のための法典なのか
神との対立、国家との対立から生まれる齟齬

憲法とは国家の根本秩序に関する法規範のことで、これと民法、刑法、民事訴訟法、刑事訴訟法などの総称としては法典という言葉が用いられる。

憲法の出発点はおそらく集落の掟や決まり事にある。時代が下り、王侯など君主を頂く社会になると、それまでの王令や勅令が前例とされるとともに、それと慣習法をあわせたものが法として認識されるようになった。

いっぽうで、ヨーロッパでは自然権という概念もあった。人間が本来持っていた生存する権利とそれに伴う諸権利のことで、啓蒙思想家が活躍した時代にはその概念が具体化される。なかでもひと際目立つのは啓蒙思想の祖とされるイギリスのジョン・ロックの思想である。

各国の憲法と改正要項

		改正手続き	改正回数
日本	大日本帝国憲法 1889 年制定	①勅命により、帝国議会の 決議に付す ②両議院は 2/3 以上が出席し、 出席議員の多数を得る	0 回
日本	日本国憲法 1946 年制定	①各議院の 2/3 以上の賛成により、 国会が発議する ②国民投票で過半数の賛成が必要	0 回
ドイツ	ボン基本法 1949 年制定	①連邦議会と連邦参議院の 2/3 以上の賛成	60 回
フランス	フランス共和国憲法 1958 年制定	①両議院により同一の文言で 可決されなければいけない ②共和政体は改正の対象外	27 回
アメリカ	アメリカ合衆国憲法 1787 年制定	①上下両院の 2/3 以上の賛成で発議 ② 3/4 以上の州議会の承認	6 回

ロックは、「自然権とは生命、身体および財産への権利である」とし、「国家はこの自然権を保障するための組織としてのみ存在意義を有する」。よっていかなる国家権力も自然権を侵害することは許されず、そのような侵害に対して「人民は抵抗権を持つ」とまで言い切った。このロックの考え方はアメリカ独立宣言やフランスの人権宣言において成文化され、現在に至るまで受け継がれている。

だが、自然権の背景には人間を神の被造物とし、あらゆる人間が神の前では平等とする概念が潜んでいる。そのため多神教の世界や同じく一神教でも預言者の口を通して伝えられた神の言葉を法の源とするイスラーム世界では考え方に違いがあり、近代西洋文明をすっかり受け入れたように見える国や地域でも、自然権やそこから派生した人権に対して多少の温度差があることは否めない。

神があってこその人間という観点からすれば、聖典に反する言動は自然権の対象外で、たとえ世界のスタンダードがそれであっても素直に受け入れることはできず、二つの法体系が共存と対立を繰り返す事態が続いている。
また近代国家の形成に遅れをとった国々では、国民あっての国家よりも、国家あっての国民という考えが強調され、自然権を軽視する傾向が強まった。歴史的に見れば、中国には平等な世を理想とし、暴君への抵抗を義挙とする考えがあり、日本にも圧政に対して一揆で立ち向かう伝統があるにもかかわらず、近代化の過程でそれらは異端視されるか、黙殺される傾向にある
現代中国では歴史上の民衆蜂起を「起義（義を起こす）」と称しながら、土地の強制徴用などに対する農民の抗議活動や中央政府への直訴を実力で阻む姿勢を貫くなど、お題目と現実が相反する人治が依然としてまかり通っている。憲法はあってなきがごとき状態なのだ。
日本では憲法や改憲の持つ意味への関心自体が低く、それはそれで大きな心配の種でもある。空気同然と思っていたものが、ある日突然なくなる事態を想定しないとは、やはり痛い目を見るか手遅れになってみないと気付かないものなのだろうか。

自由民権運動と大日本帝国憲法

◆富国強兵と民主主義の綱引き

明治維新は同床異夢の革命だった。一致していたのは徳川幕府の打倒と天皇を名目上の国家元首に据えることだけで、そこから先の事はほとんど決まっていなかった。天皇を奉じることにしたのも、戦国時代を再来となれば列強による干渉が避けられず、下手をすれば植民地にされかねなかったからで、いわば妥協の産物だった。本気で尊皇を唱える者は、そんなに多くはなかったのである。

果たして、旧幕府軍との戊辰戦争が終結した直後から、新政権の中枢では軋轢が生じ始める。1861年の廃藩置県や1871年の版籍奉還にはほとんど抵抗が見られなかったが、長州藩では1870年に奇兵隊をはじめ、討幕運動の主力を担った諸隊を解散させた際にひと騒動起きている。

1873年の徴兵令の布告や秩禄(ちつろく)処分など、士族(旧武士階級)の特権がつぎつぎと奪われていくと彼らの不満は高まり、一般庶民のあいだでも、こんなはずではなかったとの期待外れへの思いから、世直しを求める運動が盛んになった。

政権運営への不満から下野する有力者も多く、1873年10月には西郷隆盛、副島種臣(そえじまたねおみ)、後藤象二郎、板垣退助、江藤新平らが公職を辞して野に下っている。

翌年2月には佐賀で不平士族が挙兵（佐賀の乱）するが、これをきっかけに西日本各地で不平士族による反乱が続発する。なかでも最大のものは1877年2月に勃発した西郷隆盛を擁しての西南戦争で、政府はこれを平定するのに7カ月もの月日を要した。

西南戦争の終結とともに、不平士族による反乱はやむが、その後も政府要人を対象とした散発的なテロ活動は続いた。

いっぽう、同じ士族でも最初から武装蜂起路線を放棄し、別の道を歩む人びとが存在した。土佐の板垣退助らがそれで、彼らはそれぞれに政党をつくり、政府に対して国会の開設と憲法の制定を求めるようになった。これと世直しを求める民衆とが合流し、一つのうねりと化したのが自由民権運動だった。

いわゆる民撰議員設立建白書が提出されたのは1874年1月のことで、大日本帝国憲法が発布されたのは1889年2月11日のこと。この間約15年を長いと見るか短いと見るかは意見の分かれるところだが、政府の側もいたずらに先延ばしにしていたわけではなく、国会の開設と憲法制定をできるだけ早期に実現させるべきとの声も強かった。なぜなら、関税自主権の獲得と治外法権の撤廃をはじめとする列強との不平等条約改正のためには、日本がそれに値する国家に変貌を遂げたことをはっきりと証明して見せる必要があり、そのためには国会の開設と憲法制定が不可欠と判断されたからだった。

同じく立憲君主制でも、在野では英国、政府内部ではプロイセンの憲法を参考にすべきとの声が強いなか、時の政府で最大の実力者であった伊藤博文はみずからプロイセンに渡り、現地で法学者らの講義を受けるが、この行動は謙虚に学ぶというより、箔をつけるためのものだった。果たして、事態は伊藤の思惑通りに運び、大日本帝国憲法は天皇を元首としながら、議院内閣制をとるものとなったのだった。

行政と皇室を明確に分ければ、政治上の責任が天皇に及ぶことはない。軍に対する統帥権をはじめ、天皇の大権とされる事項が多く設けられたが、そこでも枢密院という憲法草案審議のために設けられた機関を内閣から独立した天皇の最高諮問機関に横滑りさせることで、大権行使に伴う責任が天皇に及ばないようにとの配慮がなされたのだった。

それとは対照的に国民の権利については抑制される傾向にあり、それが明記されるには、太平洋戦争後の日本国憲法発布まで待たねばならなかった。

▼頻繁に変わるように見えるドイツの「憲法」▲

◆もともとは西ドイツの国家建設の指針だった

日本国憲法が一度も改正されていないのに対し、第二次世界大戦後のドイツでは60回も改憲が行なわれている。憲法論議の際によく言われることだが、この違いはいったい何に拠るのだろうか。

結論を先に述べれば、それは憲法改正の意味するところが違うからにすぎない。

順を追って説明すれば、第二次世界大戦後のドイツは戦勝国である連合国の占領下に置かれ、1949年の主権回復にあたり、アメリカ、英国、フランス占領下だった地域はドイツ連邦共和国（西ドイツ）、ソ連占領下にあった地域はドイツ民主共和国（東ドイツ）となった。憲法は東西ドイツで別個に成立したが、東ドイツの場合、法律の条文と現実の落差があまりに激しいことから、ここでは論外として、西ドイツと統一ドイツの改憲に絞って説明することにする。

正確を期するならば、ドイツには憲法が存在しない。西ドイツ時代、憲法制定はドイツ統一がなったときにすべきとの考えから、主権回復時に定めるのは暫定法とすることに決まり、「基本法」の名で発布されたからだった。1990年10月に悲願のドイツ統一がなされるが、すでに基本法が事実上の憲法として定着していたことから改めて憲法制定が行なわれることなく、今日に至っている。

この間、西ドイツ時代に35回、統一後に25回の基本法改正が実施されているが、それは日本で言う改憲とは大きく異なる内容だった。ドイツでは連邦鉄道や郵便事業の民営化のような個別の法改正も改憲に数えているため、日本人の感覚からすると、しょっちゅう改憲が行なわれているかのように見えてしまうのである。ドイツと同じ基準で言うなら、日本での〝改憲〟もドイツと同程度かそれ以上の回数に及ぶはずである。

もう少し具体的に見れば、基本法の改正対象はほとんどの場合、連邦政府と州の権限の見直しに代表される統治機構に関するもので、基本的人権や法の支配のような民主主義の根幹をなす部分に及ぶことはなかった。

その理由として、一つには民主主義が自明のものとの共通認識があること、また一つには基本法の中で改正が許されないものが明確に規定されていることが挙げられる。

改正が禁止されているのは基本法第79条3項の第1条と第20条に定められている「国の諸原則」で、そこには「連邦制」「民主制」に加え、「人間の尊厳」「人権」「基本権」「法の支配（法治国家）」「社会国家（抵抗権）」などが明記されている。

これらが明記された背景には、やはりドイツの歴史的事情がある。第一次世界大戦後に成立したワイマール共和国では法治が完全には機能せず、ナチ党による暴力的な選挙活動や政権奪取を阻止することができなかった。しかもナチ党は一応合法形式で政体を改め、独裁政権を築いた。

二度と同じ過ちを繰り返さないためにはどうすべきか。西ドイツの自主権回復を控え、州議会から党派別に選出された議員で構成される議会評議会の面々は考えた。独裁政権の再来を防ぐには絶対に越えてはならない一線を明確に定めるべきだと。その結果定められたのが「国の諸原則」で、この先たとえ極右単独政権が生まれたとしても、「国の諸原則」にだけは手出しができず、政体の変更も不可能なら、議会や選挙を停止することもできず、次の選挙でその政権運営の是非が審判されることになる。

どうしても「国の諸原則」を撤廃しようというなら、クーデターに訴えるしかなく、それでできた政権を他の欧米諸国が承認するはずはなく、経済制裁にあって自滅するのが落ち。悪夢の再来を阻止しなければとの願いと義務感が、ドイツの改憲に最初から歯止めを設けることにつながったのだった。

▼政教分離にあくまでもこだわるフランス

◆憲法が変わっても変わらないこととは

フランスで起きたスカーフ事件は記憶に新しいかと思う。公立中学校に通うムスリム（イスラム信徒）の少女が授業中もヘジャブという髪の毛を隠すスカーフのような布を着用するのを認めるかどうかという問題で、長い論争の結果、２００４年に成立した「公立学校における宗教的シンボル禁止法案」により、公立学校でのヘジャブの着用は禁止となった。

この問題の背景にはムスリム系移民に対する警戒感もあるが、それ以上にフランスが国是の一つに掲げる「ライシテ（政教分離）」の原則が関係している。ライシテは１９４６年に成立した第四共和国憲法第1条に謳われたフランスを「ライックな（教育などが宗教から独立している、非宗教的な、世俗の）共和国」とした定義に基づいている。ちなみにそれはまた１９０５年成立の、国家と宗教を完全に分離する「政教分離令」に依拠していた。フランスはなぜそこまで政教分離にこだわるのか。

それを語るにはルイ14世の時代までさかのぼらなければならない。

ルイ14世が1685年に発した王令により、プロテスタントのカトリックへの強制改宗が実施されたが、当事者たちの反発は強く、その多くが教会離れへと走った。

いっぽう、元からのカトリック信者の間でも、教会や修道院が広大な所領を有する領主を兼ね、免税特権を享受していたことに対し、反感を抱く者が少なくなかった。1789年に始まるフランス革命を機にカトリックの反動姿勢が顕著になると、カトリック信者の間でも教会離れが加速することとなった。

普仏戦争（1870〜1871年）後の第三共和政のもとでは、フランス革命を肯定する共和派と王政復古を願う王党派の争いがピークに達するが、このとき教会は王党派に加担した。そのため共和派は教会に残る力を根こそぎ奪おうと、政教分離の法制化を目指すようになる。具体的には、初等教育からの教会と聖職者の排除、離婚の合法化、日曜労働の自由化などがそれにあたった。

ヨーロッパではゲルマン諸国家が成立して以来、読み書きができるのは聖職者に限られ、中世に誕生した大学も総合大学ではなく、神学部のカレッジとして始まった。フランスでは長らく、初等教育がもっぱら教会の管轄で、小学校卒業が最終学歴の人びとにとっては聖書と神父の説く教えこそが学問のすべてで、教育の脱宗教化は一朝一夕にはいかなかった。

第三共和政のもとで共和派が辛うじて王党派を制すると、ジュール・フェリーを中心とする穏健共和派政権のもと、1880年には女子中等教育の世俗化と無認可修道会の解散、その翌年にはセーヴル女子高等師範学校の開設、１８８１年から翌年にかけては初等教育の無償・義務・世俗化原則の導入（フェリー法）が実施された。フェリー法は正規の教員免状を持たない聖職者を公教育の教壇から駆逐するとともに、宗教教育の禁止、教室の壁からのイエス像の撤去などを伴っていた。

１８９０年代は小康を得るが、１９０２年に急進共和派のエミール・コンブが首相になるとともに闘争が再燃。内務相と宗教相をも兼任したコンブは、前任者が寛容な運用を図っていた無認可修道会の解散を徹底させるとともに、新たな認可申請の大半を却下して、抵抗する修道会には軍隊の投入も辞さなかった。

１９０４年７月には認可修道会を含めたすべての修道会士を教壇から駆逐する修道会教育禁止令を成立させるが、コンブの闘争はこれで終わりではなく、同年11月には総仕上げというべき政教分離法案を上程する。翌月、コンブ内閣の総辞職とともに潰えたかと思われたこの法案は、後任のルーヴィエ内閣のもとで翌年12月に成立。これにより国家及び地方公共団体における宗教予算はすべて廃止。聖職者の政治活動も禁止され、教会財産の管理と組織運営も信徒会に委任されるなど、信仰は私的領域に限定されることとなった。

その後、カトリック側の反撃により多少の逆流こそあったものの、ライシテの原則そのものはいささかも揺らぐことなく、近年のスカーフ事件もその延長線上の出来事と目されているのだった。

近代法とイスラーム法の相克

◆ムハンマドの教えを現代で実践する

イスラーム国家では二つないし三つの暦が併用されている。ヒジュラ暦と呼ばれるイスラーム暦と西暦がそれで、イランの場合だけそれに民族固有のイラン暦が加わる。

こうした併用は法律にも及び、イスラームを国教とする国やムスリムが多数派を占める国では、国家の法とイスラーム法（シャリーア）、慣習法が併用されていることが珍しくない。国家の法は近代法ないしは西洋法と言い換えてもよい。

シャリーアは「水場に至る道」を意味するアラビア語に由来し、法解釈を行なう際、多数派のスンニ派では、預言者ムハンマドを通して伝えられた神の言葉の集積である聖典クルアーン（コーラン）と預言者の言行録であるスンナ、イジュマー、キヤースの三つを典拠とする。イジュマーとはイスラーム諸学を修めた知識人（ウラマー）による見解一致（合意）、キヤースとは類推および類推による判断抽出のことで、後者の担い手はウラマーの中でも法学者（ファキーフ）に限られ、その中でも法学裁定（ファトワー）を出せる有資格者はムフティーと呼ばれる。

イスラームを創始した預言者ムハンマドは7世紀の人だから、時代が下れば当然、クルアーンとハディースだけでは結論を出せない出来事が溢れてくる。そこでイジュマーとキヤースも法源とされたのだが、近代以降の西洋文明中心のグローバリゼーションは、そんなイスラーム世界の伝統的社会を根底から揺るがすこととなった。

列強による植民地化や半植民地化および両大戦後の独立に伴い、多くの国で近代法の導入が実施されたが、1923年に成立したトルコ共和国を唯一の例外として、他の国々では近代法とシャリーア、慣習法の併用が常態化した。

慣習法とはイスラームを受け入れる以前からある部族やその土地の慣習のことで、近年しばしば問題化している名誉殺人や女児の割礼などがそれにあたる。

近代法とシャリーアのどちらに重きを置くか。湾岸産油国を例外として、東西冷戦下では近代法に重きを置くのが普通だった。社会主義を奉じる東側陣営は無神論の立場から近代法を重視し、基本的人権や信仰の自由を掲げる西側陣営は近代法を人類の共通のあるべき姿としていたからで、両陣営のどちらかから経済援助を受けている関係上、少なくとも表面上は近代法を尊重する姿勢を見せる必要があったからである。それに加え宗教を、近代化を推進する上での最大の障害とする認識が支配層の間で広く共有されていた。

ところが、1979年に起きたイラン革命とソ連軍のアフガニスタン侵攻を境に変化が表われる。

西洋文明のむやみな受け入れへの疑念と伝統を見直す機運が生じたのである。

ここで言う伝統とはイスラームと地域社会の伝統の両方を指す。本来の条件が異なるのだから、単純に欧米諸国に倣っても成果は期待できないのではないか。イスラーム世界には独自の近代化があるのではとの声が高まり始めたのだった。

間の悪いことに、独立後のイスラーム諸国の多くは独裁政権の統治下にあり、近代法の体裁を取りながら、実際には恣意的な人治が横行していた。それが近代法への信頼を損なわせた面があるのは否めない。

伝統への回帰は国家や社会の停滞を信仰への不純さに求める声をも高め、それが過激なイスラーム主義を生み出し、勢い付かせることにもつながった。

イスラームを完全否定したはずのトルコも例外ではなく、20世紀の末頃から公の場でヘジャブを被ることの自由を求める声が高まるなど、イスラームへの回帰が強まっている。

いっぽうでは「アラブの春」に見られるように民主化や自由化を求める空気も高まるなど、イスラーム諸国はどこも自分たちの進むべき道を手探りで模索する状態にある。

▼世界で初めて共和制原理と三権分立を実現

◆修正の名で改正を重ねるアメリカ

アメリカ合衆国が国家として経験した改憲はこれまでに一度きり。それも英国からの独立達成直後のことで、その後は新法を制定するか、「修正」の名で個別の法を改めるにとどまった。そこには建国の理念を忘れまいとする矜持が関係しているのかもしれない。

アメリカ最初の憲法は独立戦争の最中、まだ13のステーツ（邦）からなっていた1781年3月に批准された「連合規約」がそれだ。同規約では、独立・自由・主権を有する諸邦からなる連合をアメリカ合衆国とすること、各邦の代表によって構成される連合議会が宣戦と講和、外交使節の交換、条約の締結などの事柄を討議する権限を有すること、議決は各邦1票とし、9票の多数をもって可決とすることなどが定められた。

しかし、これでは中央政府の権限が弱すぎ、英国や他の列強から再度の戦争を仕掛けられたとき、脆くも瓦解する危険が高かった。なおかつ英国で認められている、基本的自由並びに権利を保障した「権利章典」が反映されていないことに不満を訴える声が強かった。そのため独立達成後に改めて制憲会議が催され、1788年7月に批准された「人権保障規定」が1789年9月の連邦下院での採択を経て、1791年には憲法修正第1〜第10条として発効されることとなった。

その後も何度もの修正が重ねられるが、なかでも重要なのが南北戦争（1861〜1865年）終結後に発効された、奴隷制の全面廃止を謳った憲法修正第13条と、解放奴隷の人権および財産権保証を柱とした憲法修正第14条で、後者は市民権法とも呼ばれる。

だが、これですんなり黒人差別が解消されることはなく、アメリカが合衆国という名の連邦国家であるがゆえの弱点があった。各州の法で憲法に反する法令を決めることが可能だったのである。それに加え、司法の最高機関である連邦最高裁で保守派の判事が過半数を占めているときには、恣意的な解釈により、差別の容認もまかり通るなど、合衆国憲法は決して万全なものではなかった。

事実、連邦軍の南部諸州からの撤収が完了するとともに南部の反撃が始まり、黒人からの参政権剥奪が横行し始め、公教育・公共施設を中心に社会生活のほとんどで黒人を分離して差別する法制度（ジム・クロウ制度）が整えられる事態となってしまった。全国的には先住民の権利にも手がつけられ、1887年には先住民の伝統的な土地共有性を解体させる「ドーズ法」が制定された。同じ頃、アジア系移民の規制も開始されるなど、19世紀末から20世紀初頭にかけてのアメリカは、マイノリティーにとって「自由な国」ではなくなってしまったのだった
日本人はとかく第二次世界大戦後のアメリカを見て、リベラルな印象を抱き続けてきたが、それ

だけに2016年12月の大統領選挙でドナルド・トランプが勝利したときの衝撃も大きかった。

大統領に就任してからは現実路線を歩むものと高をくくっていたが、そんな淡い期待も見事に裏切られた。悪いことに、連邦最高裁の判事1名が引退したことから、補充の必要が生じた。その任命権は大統領にある。保守派とリベラル派が同数であったから、新規1名の人選にも注目が集まったが、トランプが当選したからには保守派が任命されるのは間違いなく、現実もその通りに運んだ。今後、連邦最高裁に持ち込まれた案すべてに保守的な判決が下されるはずで、アメリカは政治や経済だけでなく、司法の上でも爆弾を抱えることになりそうである。

▼「自由・平等・博愛」への国家からの強い反動

◆1848年のヨーロッパを席捲した立憲の波

ナポレオン没落後のヨーロッパではウィーン体制のもと、すべての秩序をフランス革命勃発前に戻すよう図られたが、ナポレオン戦争を通じて拡散されたフランス革命の理念は完全に消し去ることはできず、各国政府の思惑とは裏腹に、広く深くヨーロッパ全土の社会に浸透していった。「自由・平等・博愛」の理念はもとより、国民国家や民族国家という概念をも含まれる。

火つけ役を担ったのは１８４８年2月にフランスで起きた二月革命である。１８３０年成立の七月王政が倒され、共和政が復活。21歳以上の男子による普通選挙法や労働時間の制限が法制化されるなど、急進的な改革が推進された。一連の出来事はヨーロッパ全域に激震を及ぼさずにはおかなかった。

全体として見れば、憲法の制定、議会の招集、賦役をはじめとする封建的な諸々の負担や隷農制の廃止、法の前の平等、検閲の廃止、言論・出版・結社の自由、市民の武装権など共通する部分が多々あるが、個別に見ていくと、その国・地域ならではの事情も垣間見える。

英国では選挙権の拡大を求めるチャーチスト運動、ロシア、プロイセン、オーストリアの三国に分割併合されたポーランドでは独立運動が盛んになるなか、オーストリア帝国統治下の場合、ハンガリーやチェコ、クロアチアなどでは民族言語にドイツ語と同等の権利を認めること、北イタリアのロンバルディアとヴェネトでは帝国からの独立、オーストリア本土ではメッテルニヒ首相の退陣や責任内閣制の樹立、ドイツ国民国家の建設などが請願された。

プロイセンや他のドイツ諸邦でも同様の動きが見られ、プロイセン国王フリードリヒ・ヴィルヘルム4世も一時は大幅な譲歩を余儀なくされるが、民衆の間に亀裂が生じたと見るや反撃に転じ、軍隊の力で完全に沈黙させてしまった。

プロイセン国王とその周辺とて、ドイツ国民国家の建設自体には賛成だが、そのやり方を巡り、自由主義的な民衆の要求との間に大きな開きがあった。民衆の求める議会主導の立憲君主制では国王がお飾りにされかねず、国王を名実伴う存在に保つには、恩寵としての「上からの自由化・民主化」であらねばならず、民衆の要求に屈し、なし崩し的な譲歩を重ねることは断じて受け入れられなかったのである。

オーストリア皇帝も同じ考えで、一時はウィーンからの避難を余儀なくされるが、ロシアの派兵を得て反撃態勢を整えると、徹底した武力鎮圧で翌年中には平定を完了させた。

かくしてヨーロッパは平静を取り戻したが、争乱の背景に人口の増加や貧富の差の拡大といった社会的要因もあるだけに、武力だけに頼るやり方が長続きするはずはなく、各国首脳は民衆の不満を和らげる方策を見出す必要に迫られる。国民国家の樹立や憲法制定もそうなら、軍備の増強や植民地獲得競争の再開もその対策の一つだった。

ただし、民族国家の樹立を求める近代ナショナリズムだけはどうにもならず、ドイツ統一の主導権争いでプロイセンに敗れたオーストリアは、ハンガリーと同君連合のオーストリア=ハンガリー二重帝国として生き延びる道を選んだ。しかし、それはチェコ人や他のスラブ系諸民族を刺激して、自分たちにも同等の権利を、さもなければ独立を認めろとの声につながった。バルカン半島がヨーロッパ全体を巻き込む大きな戦争の火種、火薬庫となる下地が整えられたのだった。

▼マグナ・カルタは立憲主義の出発点▲

◆英国の立憲君主制までの道のり

英国は成文憲法、すなわち文章化された憲法のない「コモン・ロー（慣習法）」の国と言われることが多い。たしかに、日本語で「憲法」と訳される法典は存在せず、あるのは「国制」と訳されるものだけ。しかし、子細に見れば、それらをすべて合わせたものが憲法に相当することがわかるはずである。

英国の正式な国号は「グレートブリテン及び北アイルランド連合王国」。イングランド、ウェールズ、スコットランド、北アイルランドを本土とするわけだが、イングランドとスコットランドが統合されたのは1707年、ウェールズのそれは1301年のことで、最初の成文化された国制はそれより前、1216年とその翌年、1225年の三度にわたって公布された大憲章（マグナ・カルタ）だった。

当時のイングランド王（ジョン王）の実力はのちのエリザベス1世の時代には遠く及ばず、諸侯の意向を無視することができなかった。対仏戦争での敗北が重なり、大陸にある領土を次々と失うと、その権威すらも薄らいでいった。

事の発端は、ジョン王から求められた派兵と軍役代納金の支払いの両方を諸侯が拒んだことにあった。双方の対立は武力衝突に発展するが、劣勢を覆すことのできなかったジョン王は諸侯が準備した「諸侯の要求事項」を呑まざるをえなかった。それがマグナ・カルタと呼ばれる前文と63か条からなる特許状で、そこには議会の前身にあたる諸侯大会議の創設、諸侯大会議の承認なき課税の禁止など、王権を制限する規定がいくつも定められていた。

次のヘンリー3世の1258年にはオックスフォード条款、その翌年にはウェストミンスター条款が成立、1267年にはモールバラ法が制定され、諸侯大会議を年3回開催すること、州長官を在地の陪審員から選ぶこと、国政への大諸侯の参加を認めること、地方における役人の不正調査を実施することなどが定められた。

次なる大きな動きはエリザベス1世の死去を受け成立したステュアート朝のもとで起きた。王権神授説を掲げるチャールズ1世が議会の同意なしの外交や課税を強行したことに対し、1628年5月、議会が「権利請願」を提出した。援助金の強制、恣意的な課税、不法な逮捕・投獄、兵士の民家宿泊強制などを禁止するよう訴えたもので、チャールズも一度はそれを受諾した。

しかし、チャールズが約束を反故にしたことから、ピューリタン革命と呼ばれる内乱に突入するのだが、王政廃止後の1653年、護国卿と議会に共和国最高の立法権を与えるとした「統治章典」も、王政復古とともに反故にされたとはいえ、立派な成文法だった。

王政復古後、国王と議会の対立が再び高まると、議会は「権利宣言」を作成し、オランダからステュアート家の血を引くメアリーとその夫ウィレムを迎えて新たな国王とした。この2人が1689年5月に「寛容法」、12月には常備軍や軍事予算を議会の統制下に置く「軍罰法」、「権利宣言」を基礎にした正式名称「臣民の権利及び自由を宣言し、王位継承を定める法律」、通称「権利章典」を受諾したことで、英国は立憲君主制への道を歩み始めるのだった。「権利章典」には、国王の専制支配や宗教裁判所の設置、議会の同意なき課税などを違法とする条項が盛り込まれ、王権を制限するだけでなく、議会に主導権があることが明記されていた。

以来、「権利章典」は憲法に匹敵する価値を認められ、少なくとも3年に1回の選挙を定めた三年議会法（1694年）、王族のカトリックとの結婚を禁止する「王位継承法」（1701年）、貴族院の権限の大幅な縮小を定めた「議会法」（1911年）などと合わせ、憲法と同等の役目を果たしていったのだった。

貴族政から民主政へ移行した古代ギリシア

◆アテナイの国政の変遷

民主政は古代ギリシアに始まるが、現在と古代ギリシアのそれとの最大の違いは奴隷制の有無、およびそれを前提条件とするか否かにある。民主主義や民主政を語る際によく言われることだが、それは極論にすぎる。事はそう単純ではないのだ。古代ギリシアの民主政は自然発生でもなければ、奴隷制と同時に生まれたわけでもなく、奴隷制の歴史のほうがはるかに古い。つまり、民主政が確立されるまでにはそれなりの条件と闘争が必要だったのである。

古代ギリシアの民主政はギリシア全体のものではなく、現在のアテネ、当時の発音でアテナイと呼ばれた古代ギリシアで最有力のポリス（都市国家）に特有の政治体制だった。

アテナイの初期の政治体制は貴族政で、市民権所有者は貴族と平民からなっていた。平和な状態が続いていれば変化を求める声も起きなかったかもしれないが、当時のギリシアでは戦争が絶えず、戦場で主力を担ったのは平民からなる重装歩兵集団だった。平民にしてみれば、自分たちがいなければポリスの安全保障は保たれない。それに相応しい権利を欲するのは自然な流れでもあった。

前621年に成立した「ドラコンの法」はその第一歩であった。それまで貴族の恣意に委ねられていた法が平民にも開放されたことの意味は大きく、殺人事件にしても、それまで被害者の親族による私的報復に委ねられていたそれが禁止され、公権力による法の裁きに委ねるよう定められた。これであれば被害者が平民、加害者が貴族の場合でも平民が返り討ちされることも、泣き寝入りを強いられることも皆無とまでいかないまでも減少するわけで、特権の上に胡坐をかいていた貴族にしてみれば面白くない内容だった。

次なる改革は前594年に始まる「ソロンの改革」で、多岐に及んだ改革の中でもっとも重要なのは、中小農民を困窮から救うことにあった。重装歩兵の装備は自弁で、中小農民が債権者に隷属するか、奴隷身分に落ちでもすれば、軍そのものが立ち行かなくなる。そこまでいかなくとも、装備の自弁ができなくなってしまっては同様である。ポリスの存続に関わることだけに中小農民の救済、具体的には富裕層に負っている債務の帳消しが急務だったのである。

その次に行なわれた重要な改革は前508年の「クレイステネスの改革」で、そこでは僭主の出現を未然防止する手段として、陶片追放が採用された。

僭主とは非合法な手段で政権を奪い、独裁権力を振るう者のことで、アテナイは現実に僭主政治を経験していた。その再発を防ぐために、市民各自がそれぞれ危険人物の名前を陶器の破片に記入して投票。規程数を超えた最多得票者が10年間、国外追放されるというもので、後にも先にも世界の歴史上他に類例を見ない制度であった。

民主政確立の仕上げを行なったのは、アテナイ最盛期に指導的立場にあったペリクレスである。彼が権力を握っていた時期、アテナイでは身分の違いは何の意味もなさず、市民権を持つ誰もが自由と平等を享受できるようになった。その点ではペリクレスを偉人と称することに異存はない。

だが、彼の主導で前451年に成立した「市民権法」には疑問符をつけざるをえない。それまで父親がアテナイ市民であれば、母親が何者でも、生まれた子供は自動的に市民となれたのに、この新法では、両親ともにアテナイ市民であることが必須条件となった。ペリクレスが何を意図してこの法を定めたのか不明だが、結果から見れば、これは悪法に他ならなかった。アテナイを閉鎖的状態に追いやり、活力を著しく削いでしまったのだから。

▼「自由」と「正義」の意味を考える ▲

◆ハンムラビ法典が作られた意味

チグリス河とユーフラテス河に挟まれたメソポタミアは世界最古の文明発祥の地。世界最古の文字が発明された地でも、世界最古の成文法が編纂された地でもある。

世界最古の成文法が編纂されたのはメソポタミア南部のバビロニア地方で、なかでも有名なのがハンムラビ法典である。しかし、法典の編纂自体はバビロン第一王朝のハンムラビ王（在位前1792～前1750年頃）のもとで行なわれたそれより早く、前21世紀のウル第三王朝、前20世紀のイシン・ラルサ王朝のもとでも行なわれていたが、条文数が少ないため、その点ではるかに勝るハンムラビ法典の知名度が飛び抜けることになったのだった。

ハンムラビ法典は全282条で、前文、本文、後文からなる。本文は法執行の諸規程、財産についての諸条に始まり、奴隷制についての諸条で終わる。

ハンムラビ法典と言えば、「目には目を」の同害報復ばかりが強調されるが、古代バビロニアの法典の特徴はそれよりも「正義の確立」という言葉が何度も繰り返されていることにある。ここで言う「正義」はいったい何を意味するのか。

「正義」という言葉はハンムラビの息子サムスイルナが発した勅令の中にもしばしば見られ、そこでは債務を無効とする徳政令との関連がうかがえる。「正義」の代わりに「自由」という言葉を用いている例も見られることから、古代バビロニアにおける「正義」と「自由」は同義語と考えられる。メソポタミア文明の最初の担い手であるシュメール人の言語では、「自由」に「母のもとに戻す」という意味があることから、「自由」「正義」には本来あるべき姿に戻すという意味が込められていたことが推測される。

ここからわかるのは、古代バビロニアの為政者は、「正義の確立」のためにこそ政治権力を行使すべきと考えられていたこと。法典は王の意思表示の手段として発布されたということである。

元来、古代バビロニアの王の務めは、公正な社会の実現であり、貧富の差の解消は常に重大な事案とされた。それに比べれば治安の維持などは二の次で、だからこそ公的機関による裁定ではなく、同害報復が合法化されたのかもしれない。しかも同害報復には過剰なものを許さず、報復の連鎖を断つ意図も込められていた。同害報復の合法化は決して野蛮なものではなく、秩序を保つ意味で、もっとも有効な手段と考えられたのだった。

Chapter 2

移民

安住の地を求める人々と
国家のジレンマ

移民に頭を悩ませる国家指導者たち

国を富ませ、時には国家の基盤を揺るがす

トランプ大統領の就任以来、アメリカは揺れ続けている。選挙公約で掲げた極端な主張をまさか本当に実行に移すとは。当選すれば現実路線に軌道修正するに違いないとの淡い期待が見事に裏切られたからだ。地球温暖化対策を決めたパリ協定とＴＰＰ（環太平洋自由貿易協定）からの離脱、ユニセフへの拠出金支払い停止など挙げていけば切りがないが、なかでも最大の問題はメキシコとの間に設置するとした国境の壁と出生地主義の否定を含む移民政策の大転換だろう。

移民国家が移民を規制する。アメリカは過去にもそれを行なったことがある。そのときの対象はアジア系移民だった。低賃金の長時間労働を厭わない

移民が生まれるサイクル

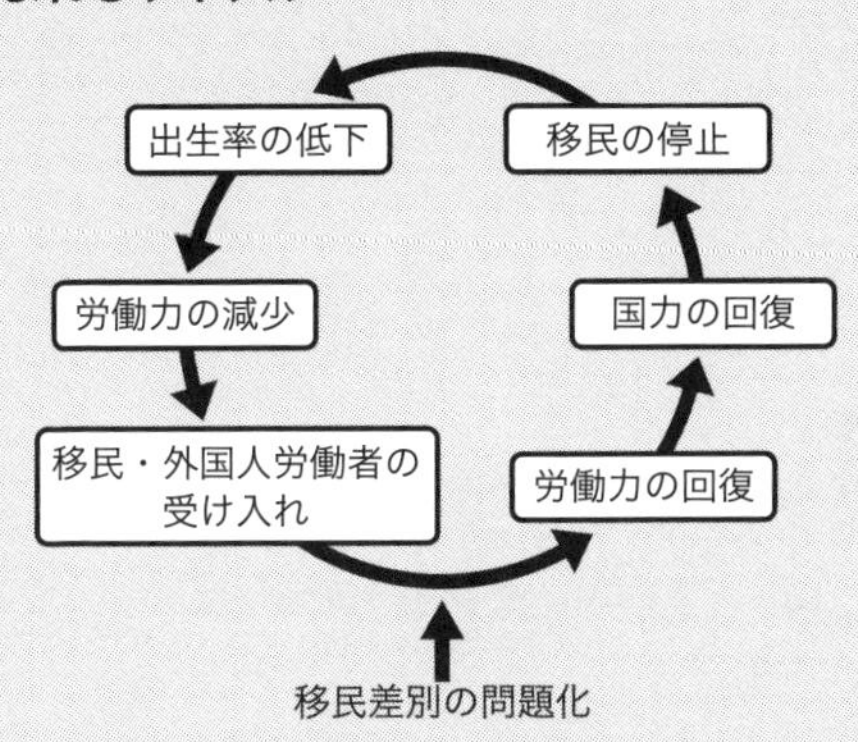

勤勉さと我慢強さが白人労働者の反感を買い、景気が低迷すると、アジア系だけを標的とした新規移民の停止や既存移民への迫害という事態を招いたのである。

移民国家や移民都市に共通するのは早い者勝ちで、なおかつ多数派を占めれば集団での優位性が保たれるという点である。アメリカには北欧や東欧、南欧からの移民も多いが、アメリカ英語の地位は揺るがず、ヒスパニック系移民が大きく問題化した背景には彼らの中で英語の習得に背を向ける者が増えてきた事情がある。

アメリカ国民のアイデンティティとして国旗と合衆国憲法への忠誠、アメリカ英語の習得が暗黙の了解となっているのに、それを守らないのはけしからんというわけである。

似たような現象は香港にも当てはまる。アヘン戦争が起こるまで、香港はひなびた漁村にすぎなかった。そのため根っからの香港人というのは極めて稀で、大半は英国領になってから流れ込んできた広東人(カントン)か太平洋戦争終結後の第二次国共内戦時に流れ込んできた大陸各地の多様な人びとによって占められる。

後者には上海や浙江省などの富裕層も多かったが、彼らは出身地の食文化を保ちながら、広東語を受け入れた。他地域の出身者も同様である。しかし、1997年7月の主権返還以降は状況が変わり、中国本土出身者は広東語を習得しようとせず、中国政府も本土の標準語である普通話(イートンホウ)の普及を推し進めた。その結果、従来は広東語と英語しか通じなかった香港でも普通話が通じるようになったが、先住者としてはやはり面白くない。本土出身者が香港の標準マナーに倣おうとしないのも不満の種で、双方の感情的対立解消までにはまだまだかなりの時間がかかりそうである。

意外に思われるかもしれないが、突き詰めて言うと、世界中のほとんどの国が移民国家である。どこの土地にも先住民がいて、現在大きな顔をしている人びとの祖先はみな外来者なのだから。先住民が完全に同化されてしまったところも多いが、そうでないところもたくさんある。この事実は決して軽んじてはいけないものである。

▼どうしてアメリカは不法移民が増え続けるのか▲

◆移民のアメリカン・ドリームが潰れていく

建国以来、アメリカ合衆国で多数派を占めるのはヨーロッパ系白人で、アフリカ系の黒人がそれに次いだ。黒人が最大のマイノリティー集団だったのである。

ところが、現在ではヒスパニック系の移民とその子孫が黒人を抜き、最大のマイノリティー集団と化している。ヒスパニック系とはスペイン語を母語とするラテンアメリカ系の人びとのことで、その半数以上はメキシコ出身者により占められている。陸路で接する隣国だから、当然と言えば当然だが、実のところその歴史は意外と浅く、1920年代が最初のピークで、世界恐慌による中断期間を経て、1950年代以降2度目のピークを迎えたまま今日に至っている。

歴史的な背景について述べれば、アメリカ独立時の領土は東部13州のみだった。それが戦争や買収を通じて、どんどん拡大していったわけだが、その過程で1845年にはメキシコからの独立を宣言していたテキサスを併合。その翌年の米墨戦争にも勝利して、カリフォルニアとニューメキシコを破格の安値で買収することに成功した。このとき主権はアメリカに移っても、住民の移動はほとんどなかったことから、右の3州とメキシコとの交流と親近感はその後も衰えることなく、それがメキシコからの移民流入に味方したのだった。

メキシコからの移民は大半が密入国者。アメリカは出生地主義をとっているため、アメリカ国内で生まれた子供には自動的に市民権が与えられ、養育義務のある両親も国外追放を免れる。それがメキシコ系移民の増加の一因であることは間違いない。

もう一つの理由として、メキシコ経済の慢性的な不振が挙げられる。メキシコは1968年にオリンピック開催地となりながら、それが経済成長の起爆剤になることはなく、経済の低迷だけではなく、治安の改善も遅々として進まず、それが逮捕の危険を犯してでもアメリカへという行動の原動力ともなっている。

メキシコ経済の低迷はスペインの統治が収奪中心で、産業の育成を怠ったことに加え、国民の大半が敬虔なカトリック信者であることにある。カトリックでは避妊や人工妊娠中絶を否定している関係上、メキシコでは貧しい家庭でも子だくさんで、それが経済成長の足を引っ張っていることは否めない。雇用の創出が人口の増加にまったく追いつかないのだ。

目をアメリカ国内に転じれば、サービス業や製造業を中心に、低賃金で働いてくれる移民なくしては商売が成り立たない構図ができあがっている。元メキシコ領や元スペイン領であったところは特にその傾向が強く、彼らメキシコ系を中心としたヒスパニック系移民の増加が、アメリカではマイナーなスポーツであったサッカー人気を押し上げ、プロ・リーグの結成を促したことも、見落としてはならない事実である。

この項の冒頭でアフリカ系黒人と断りを入れたが、それはアフリカから北米大陸に奴隷として連れて来られた黒人の子孫という意味で、現在では中南米諸国やカリブ海の島国など第三国経由の黒人も増えている。具体的にはハイチ、ドミニカ、ジャマイカなどがそれに当たる。

ヒスパニック系の過半数はメキシコ出身者で占められているが、近年はそれ以外の国々からの密入国も急増している。経済の低迷と治安の悪化という二重苦が多くの国に共通しているからで、これらの問題の根底には、貧富の差の拡大を容認しながら、それを自己責任として何ら有効な対策を取ろうとしない野放図な新自由主義の考え方が存在する。その旗振り役がアメリカなのだから、不法移民の増加はブーメラン効果とも自業自得とも言うことができよう。

19世紀はなぜ「移民の世紀」と呼ばれるのか

◆産業革命の頭打ちと国家の思惑

19世紀は世界の歴史上、もっとも人口移動の激しい100年だった。「移民の世紀」と呼んでもいい。その背景として挙げられるのがヨーロッパにおける人口過剰である。

英国に始まる産業革命がヨーロッパ全土に波及すると、どの国でも例外なく都市化が進んだ。農耕牧畜では養える人口に限りがあり、相続の期待できない次男以下の男子や女子がみな都市部に集中。工場労働者として雇ってもらえても、そこには長時間の低賃金労働が待っている。それにもありつけなかった人びとは物乞いになるか、何らかの違法行為に手を染めるしかなかった。カール・マルクスの予言通りならば、工業先進国でこそ最初の社会主義革命が起こるはずであった。だが、現実には英国やイタリアで革命が起きることはなく、最初に社会主義革命が起きたのは工業化に立ち遅れたロシアだった。

工業先進国が最悪の事態を免れたのには理由がある。それは余剰人口を積極的に海外に送り出したからだった。英国からアメリカへの移住の波はアメリカ独立後も絶えることなく、英国領であったアイルランドもそれに便乗した。

英国は世界中に植民地を持っていたから、アメリカに馴染めなくても、カナダやオーストラリア、ニュージーランドなどに再移住する選択肢が残されていた。

さらに英連邦の構成地域は、英国籍でない人びとも受け入れていたことから、ヨーロッパ中の余剰人口がそれらの地域に流入することになった。南米諸国でも同じ現象が見られた。

移民の国アメリカでは、時期によって出身地に変化が見られた。19世紀中頃までは英国、ドイツ、北欧などの出身者が大半を占めたのに対し、19世紀末にはイタリアやポーランドなど南欧、東欧の出身者が主流になった。そのなかにはユダヤ人も含まれる。

プロテスタント改革派の国として始まったアメリカは、20世紀初頭には宗教・宗派の坩堝（るつぼ）と化していた。プロテスタントでもルター派がいるかと思えば、カトリックや東方正教会の信徒、さらにはユダヤ教徒もいる。民族の多様性も増し、統合のシンボルを国旗や国歌にでも求めるしかない状況が生まれたのである。

人口過剰は東アジアでも起きており、遅ればせながら日本と中国も移民の送り出しに参戦した。中国の場合、１８６０年の北京条約締結によってようやく海外渡航が解禁となった。

中国人のなかにはアメリカに渡り、鉄道建設や鉱山採掘に従事する者もいたが、太平洋を横断する道程の長さを考慮して、東南アジアを目指す者のほうが多かった。東南アジアにはすでに華僑（かきょう）や華人の拠点があり、そのツテを利用することもできたからである。ちなみに華僑は中国籍を保持したままの者、華人は現地国籍を取得した者を言う。

19世紀末には英国植民地下の南インドでも海外移住の波が生じた。それまでも海外渡航や移住は行なわれていたが、カースト制度や穢（けが）れの概念が障害となり、その担い手は戒律の比較的緩い南部のタミール人に限られていた。それが19世紀になると、パンジャーブのシク教徒、ネパールのグルカ人、インドのヒンドゥー教徒にまで広がりを見せ、シク教徒は上海の英国租界や香港で警官やホテルマンとして、グルカ人は香港駐屯の軍人として、ヒンドゥー教徒は農園労働者としてアフリカ大陸や太平洋のフィジーなど英国領の各地に散っていったのだった。

フランスも同様の政策を取り、植民地下のマグリブ（エジプト以西の北アフリカ）や西アフリカ、東南アジアの住民を同じフランス領内に移住させ、フランス人の手足として利用した。上海のフランス租界でベトナム人の巡査が交通整理にあたっていたのはそのためで、女性の場合、フランス人家庭の家政婦として働かされることが多かった。

▼欧州列強の綱引きの均衡点が生んだ国家▲

◆隠れた移民大国イスラエル

アメリカだけではなく、今やヨーロッパ諸国も移民国家になりつつあり、近い将来、日本もそうなると考えられる。このようななか、移民大国であることが忘れられている存在がある。中東のイスラエルがそれである。

イスラエルの住民構成はユダヤ人とパレスチナ人および少数のアルメニア人からなり、パレスチナ人にはキリスト教徒もいるが、ムスリムのほうが多数派である。20世紀末までは現在のイスラエルとパレスチナ自治区を併せても、ユダヤ人の総人口は2万人から2万5000人と、総人口の1割にも満たなかった。

それがヨーロッパでの迫害が強まるとともに増え始め、1922年には総人口の12パーセント、1931年には17パーセント、1943年には32・2パーセントと急増。1948年のイスラエル建国に伴い、第一次中東戦争が勃発すると、中東イスラーム世界全体に反ユダヤ感情が蔓延して、中東各国にいたユダヤ人の大半がアメリカかイスラエルに移住する。その結果、モロッコとイラクにあった由緒あるユダヤ人コミュニティーは消滅してしまった。

多くのパレスチナ人が一時避難のつもりで周辺諸国に逃れるか、国内難民となったが、対するユダヤ人社会は別の問題を抱えることとなった。ヨーロッパからの移民が比較的裕福であったのに対し、中東系ユダヤ人には着の身着のまま逃れて来た者が多く、容易には埋めがたい貧富の差が生じることになったのである。両者の考え方の違いは支持政党の違いとなって表れ、ヨーロッパ系がパレスチナ人への譲歩も考慮する労働党を支持したのに対し、中東系は保守政党のリクードを支持する傾向が強く、この状態が1980年代末まで続くこととなった。

人口ではパレスチナ人を上まわるようになったとはいえ、安心はできなかった。パレスチナ人の出生率がユダヤ人の2倍以上であったことから、移民の波が収まれば、遠からず人口の再逆転が起こるに違いなかった。有効な対策を取れずにいたところへ、思わぬ大事件が起きた。東西冷戦の終結である。

ソ連は国民に出入国の自由を認めず、ユダヤ人の海外移住も事実上禁止していた。冷戦の終結とともにそれが解除されるや、ソ連からイスラエルに移住するユダヤ人が急増したのである。これにはアメリカが受け入れ数を制限したことも関係しており、1990年と翌年の2年間だけで、ソ連からイスラエルに移住したユダヤ人の数は約100万人にも及んだ。

ソ連が崩壊してからも移住の波はやまず、イスラエルのユダヤ人社会は変質を余儀なくされた。交通標識にはそれまでのヘブライ文字とアラビア文字、イディッシュ（ドイツ系ユダヤ人が使用したラテン文字）と並んで、ロシアのキリル文字が併記されるようになり、さらにはロシア系の政党まで生まれることとなった。

ソ連からの移住と前後して、東アフリカのエチオピアからの移住も行なわれた。１９８４年から翌年にかけて実施された「モーセ作戦」と１９９１年に実施された「ソロモン作戦」で、合計３万４０００人のエチオピア系ユダヤ人が直接イスラエルへと移送された。彼らの外見は完全な黒人だが、エチオピアにはソロモン王とシバの女王の間に生まれた男子が初代国王になったとの伝承があり、「モーセの十戒」を収めたアーク（聖櫃（せいひつ））も秘蔵されていることから、ユダヤ人と認められたのだった。

外見に関して言えば、ソ連からの移民は明らかにスラヴ系の容貌をしており、その大半はロシア正教会の信者だった。本来であればユダヤ人とは認められないはずが、そのあたりの問題は審査機関の出先担当者に賄賂を渡すことでクリアとなった。

ともあれ、ソ連からの大量移住で人口が逆転する心配は遠のいた。しかし、それとは違う問題が表面化する。それはユダヤ人内部の格差の拡大で、ヨーロッパ系を一級市民、中東系を二級市民としているところへ、ロシア系がなだれ込み、両者の間に割って入ろうとしている。エチオピア系は中東系のさらに下に位置づけられ、満足な住居さえ割り当ててもらえない状況に不満を募らせている。イスラエルの内部で南北問題が深刻化しているのだった。

イベリア半島から追い出された異教徒たち

◆世界史の大きな分岐点となった1492年

1492年は世界史上の大きな出来事が二つあった。一つはコロンブスの北米大陸到達、もう一つはレコンキスタ（国土回復運動）の達成とそれに伴うユダヤ人のスペインからの追放である。

コロンブスはイタリアのジェノヴァ出身だが、マルコ・ポーロの『東方見聞録』を愛読し、「黄金の国ジパング」や香辛料の一大集積地であるインドへの到達を夢見て、艦隊の出資者になってくれるスポンサーを探していた。苦労の甲斐あって、カスティーリャ女王イサベルとアラゴン王フェルナンド2世夫妻から許諾を得て、最初の航海で西インド諸島に到達。最初に上陸した島を「聖なる救世主」を意味する「サンサルバドル島」と命名したのだった。

コロンブスの航海をきっかけとして、カスティーリャとアラゴンが合同してできたスペインは中南米への進出を始め、ブラジルを除く大半を植民化するのだが、それに際してインフルエンザ、風疹、麻疹などの病原菌を持ち込んだことから、抗体を持たない先住民はバタバタと倒れ、南北アメリカ大陸あわせて1000万人いたと推測される彼らが短期間のうちに25分の1にまで激減した。

スペイン人は先住民に代わる労働力として西アフリカからの奴隷貿易に手を染め、自分たちはコロニアル建築と称されるスペイン風建築の中で優雅な生活を送った。永住を考える者も女性の移住者も少なかったことから、スペイン男性には先住民の女性と結婚するか愛人にする者が多く、スペイン人男性と先住民女性の間に生まれた子はメスチーソ、黒人女性との間の子はムラートと呼ばれ、地域によってはそれが多数派になるのだった。

スペイン本土に目を向ければ、ムスリム国家相手に完全勝利をもぎとったイザベルとフェルナンド夫妻は教皇から「カトリック両王」の尊称を贈られた。しかし、夫妻のうちでも特にイサベルは征服事業をもってレコンキスタの終わりとせず、国内の完全なカトリック化を目論んでいた。そこで出されたのがユダヤ人追放令である。ユダヤ人にカトリックへの改宗か出国かの二者選択を迫ったのだった。

当時スペインにいたユダヤ人は推定約40万人。そのうち出国を選んだ者はおよそ10万人で、残留と改宗を選んだ者はコンベルソと呼ばれた。

「カトリック両王」によるカトリック化政策はこれで終わらず、1502年にはカスティーリャ、1

526年にはアラゴンでムスリムに改宗か出国を迫る王令が発せられ、残留と改宗を選んだ者はモスリコと呼ばれた。

少し遅れてポルトガルでも同じ王令が出されたことから、イベリア半島からユダヤ人とムスリムが表向き一掃されることとなった。カトリックを装いながら信仰をひそかに守り続けた人びとはこの後、異端審問の犠牲となるのだった。

ユダヤ人はすでに中世の段階で農業から締め出された上、使用人としてキリスト教徒を雇うことも禁止されていた関係上、商業か両替商を営むしかなく、ムスリムの多くは農業に従事し、知識や経験においてカトリックの農民に優っていた。

それらの人材がごっそり抜けてしまったのだから大変である。短期的な数字には表れなかったが、長期的な損害は大きく、それがスペイン経済衰退の大きな要因となった。

いっぽう、追放されたユダヤ人はネーデルラントやイタリア、オスマン領内に散らばり、それぞれの国や地域で商業や金融業、印刷術などの技術・ノウハウをもたらし、経済の振興に一役買うこととなった。また追放と離散の副産物として、ヨーロッパとイスラーム世界を結ぶ広大なネットワークが築かれ、国際金融におけるユダヤ人の優位が確立されることともなった。

国家に翻弄され続けながら民族国家を建設

◆アジアを横断したトルコ系民族

ギリシア人とローマ人がアナトリアと呼んだ地域はほぼ現在のトルコ共和国に相当する。アナトリアの名は「日の出」「東方」を意味するギリシア語に由来し、それに該当する地域は小アジアとも呼ばれた。

現在でこそアナトリアで多数派を占めるのはトルコ人だが、今から2000年前にはトルコ人の影はまったくなく、西部ではギリシア人、東部ではアルメニア人やクルド人、セム語系諸民族が雑居する状況にあった。

トルコ人の故郷ははるか東のモンゴル高原かその周辺とされ、現代のトルコ国籍所有者と区別するため、歴史上のトルコ系民族に関してはテュルク語が使われることが多い。

中国の歴史書に登場する北方民族にはテュルク系かモンゴル系かわからないものが多いが、南北朝時代から唐代初期に勢力を誇った突厥（とっけつ）は明らかにテュルク系で、それに続くウイグルもまた同じである。

そのウイグルの王国も相次ぐ自然災害で弱体化したところを同じくテュルク系のキルギスに攻められ、８４０年に瓦解。ウイグルとそれに従属していたテュルク系諸民族は東、南、西の三方に逃げ散り、東へ向かった集団は漢民族に同化されるが、南へ向かった集団は現在の中国甘粛省のオアシス都市に定住して交易の民となり、西へ向かった集団は同じく新疆ウイグル自治区に定住しながら遊牧生活を続けた。

新疆ウイグル自治区に相当する地域は東トルキスタンとも呼ばれる。トルキスタンとは「テュルク人の国」の意。西トルキスタンは現在の中央アジア５カ国あたり、それらトルキスタンこそがテュルク人の第二の故郷となった。彼らがイスラームを受け入れたのもその地である。

ムスリムとなったテュルク人は優秀なガーズィー（熱心な信仰戦士）として重宝され、グラーム（小姓）やマムルーク（奴隷軍人）の名のもと、イスラーム諸王朝を支える軍の中核となっていく。配属先は西アジアからエジプトにまで及ぶが、これはいわば成人男子のみの出稼ぎであった。

女性や子ども、老人を含めた大移動は10世紀のオグズ・トゥルクマーン族に属するセルジューク家の台頭をきっかけとする。彼らは中央アジアから西アジアへと中心を移していくが、テュルク人全体から見れば、それは移動ではなく生活圏の拡大に他ならなかった。中央アジアにとどまった集団が今日のウイグル、カザフ、キルギス、ウズベク、トルクメンなどの諸民族になったのだから。

セルジューク家のトゥグリル・ベグは１０３８年にアッバース朝のカリフからスルタンの称号を

贈られると、征服の矛先をアナトリアにまで向け、１０７1年のマラズギルトの戦いでビザンツ軍を撃破するが、アナトリアの征服と同地のテュルコ化は彼らではなく、枝分かれしたルーム・セルジューク朝により行なわれた。

ルーム・セルジューク朝の崩壊後、しばらくはテュルク人の君侯国が乱立する状態が続いたが、13世紀末、オスマンという族長に率いられた一団が台頭するとともに変化が生じ、それから1世紀半後のビザンツ帝国の滅亡とオスマン帝国の覇権へとつながるのだった。

このような経緯から、トルコ共和国の歴史教科書はアナトリアの歴史に加え、テュルク民族史に重きを置き、トルコ人の祖先がアジアを横断した経緯を中心に世界史を語っている。アナトリアの歴史を詳しく語ることには、トルコ共和国がヒッタイトに始まり、ギリシア・ローマ、ビザンツ、オスマン・イスラームと続くアナトリア文化の正統な後継者であることを示す狙いが込められている。

西ローマ帝国を滅ぼしたのは誰なのか

◆4世紀の東西で起きた民族大移動

4世紀のローマ帝国を見舞ったゲルマン民族の大移動はフン族の西進が原因である。アジア系のフン族の圧力に耐えられず、西ゴート族がローマ帝国との国境になっていたドナウ川を渡ったのがきっかけと言うのだが、フン族が西進した理由について詮索されることは少ない。フン族の圧迫だけが原因だったのかどうかも不明である。

かねてよりフン族を匈奴の後裔とする説が唱えられている。北アジアに覇を唱えた匈奴もやがて衰えて南北に分裂。南匈奴(きょうど)は中国の後漢に帰順したが、北匈奴は敵対を続けた挙句、敗れて西方へ四散。中国の歴史書から姿を消すが、その彼らが他の遊牧諸民族を吸収しながら西進を続け、4世紀になってヨーロッパに現れたというのだが、それを傍証するに足る遺跡や遺物はいまだ発見に至っていない。

それに西進を既定路線とするのもいかがなものか。馬の餌となる牧草を求めての移動であれば東西や低地・高地間を行き来するのが筋というもの。ひたすら西進を続け、ついには現在のフランス

にまで攻め入ったとなれば、牧草ではなく略奪目当てとしか思えない。もちろん、途中で目的が変わった可能性もあるが……。

ゲルマン民族のローマ帝国内への侵入や移住は大移動開始の375年以前から始まっていた。そうしなければならなかった理由を考えるに、人口過剰や寒冷化による食料不足を挙げることができる。375年以前から始まる大移動の開始についても、それが一因であった可能性は捨てきれない。西ゴート族とそれに続いた東ゴート族はともかく、それ以外のゲルマン系民族はフン族の圧力とは無縁だったのだから。防衛線が崩れたのに乗じた。そう見るのが妥当だろう。

奇しくも同じ4世紀、中国は五胡十六国時代を経験した。「五胡」とは五つの北方・西方民族のことで、華北は彼らによって蹂躙され、そこに住む漢民族が大挙して華南へ移住する事態となった。

きっかけは中国内地に居住していた五胡の反乱だった。時間をさかのぼって後漢末のいわゆる三国志の時代、群雄たちは戦力増強のため競って異民族の内地への移住を奨励した。時には強制移住をさせたことさえあった。代を重ね、彼らの子孫が多数派を占める地域も出て、三国統一を成し遂げた晋の朝廷では彼らが大事を起こす前に分散させるべきとの提言もなされたが、実行を見るには至らなかった。

不安の声があがったのは、単に五胡の人口が増えただけではなく、彼らが漢民族からの差別に耐えかね、いつ不満を爆発させてもおかしくない状況だったからだ。

恐れていたことは297年に関中（現在の陝西省中部）で発生した大飢饉と301年に始まる皇族間の内乱（八王の乱）をきっかけに始まった。304年に匈奴出身の劉淵が漢王を称したのを始めとして、五胡による政権が続々と誕生。兵力増強のため外地から同胞を呼び寄せたことから、さらに多くの五胡が内地に移住することとなった。

別の言い方をすれば、後漢時代の漢民族と内乱終結後の隋・唐代の漢民族ではかなりの違いがあり、華北の場合、隋・唐の漢民族には多分に五胡の血が混ざっており、華南の場合も、山岳へと追いやられ少数民族と化した先住民との混血が進んだものと考えられる。

また隋・唐の帝室に関していえば、五胡の一つである鮮卑の血を色濃く受け継いでいたからこそ、西域文化の受け入れにも寛容だったわけで、長安（現在の西安市）にゾロアスター教、マニ教、ネストリウス派キリスト教の教会（三夷寺）、海外貿易の拠点である広東にアラブ人のコミュニティー建設を許可したことについても同じことが言える。

極東の島に流れてきた二つの民族

◆移民国家だった古代日本

埼玉県日高市新堀にある高麗神社は8世紀の創建で、高麗王若光を祭神とする。『日本書紀』や『続日本紀』には、703年に高句麗からの亡命者である若光に王の姓を賜い、716年には新設した武蔵国高麗郡の首長として赴任させ、現在の静岡、山梨、栃木、茨城、千葉、神奈川各県に住む高句麗人1799人をそこに集め、開拓に従事させたとの記録がある。若光はおそらく668年に滅亡した高句麗の王族か高官の子弟で、高句麗からの亡命者を束ねるのに適任だった。朝廷は現在の埼玉県開拓の先導役を、土木技術に秀でた高句麗出身の人びとに委ねたのだろう。

別の言い方をするなら、当時の日本社会には移民に対する抵抗感は少ないどころか、むしろ歓迎していたとも受け取れる。これには古代日本の成り立ちが関係しているのかもしれない。

日本人は縄文人と弥生人からなるが、この両者はどちらも海外からの移民である。大まかに言って、縄文人は南方、弥生人は北方からの移民で、両者の血の混ざり具合によって本土日本人（大和民族）と琉球人、アイヌの違いが生まれた。

縄文人の故地は現在のマレー半島からスマトラ島、ジャワ島、ボルネオ（カリマンタン）島が陸続きでつながっていたスンダランドと考えられる。先に日本列島へやって来たのは彼らで、およそ4万年前のことと言われている。

それに対して弥生人の故地はシベリアのバイカル湖周辺で、そこからいったん中国大陸まで南下し、農耕技術を身に付けてから、朝鮮半島や山東半島、長江下流域など複数の場所から複数のルートを使い、日本列島にやって来た。弥生人が平和裏に縄文人を同化吸収して、日本人の原型を築いたと最新の研究では結論づけられている。つまり、日本という国は移民国家としてスタートしたのだった。

これとは別に古墳時代以降に海外からやって来た移民は渡来人と呼ばれる。日本人全体の顔立ちや体格を変えるほどではなかったが、相当数の渡来人がいたことは間違いなく、出身地は朝鮮半島か中国大陸のどちらかであった。

4～6世紀の朝鮮半島南端には伽耶とか加羅と総称される小国家群があり、日本の大和政権と深いつながりを有していた。高句麗、百済（くだら）、新羅（しらぎ）からなる朝鮮三国はあるときは敵、あるときは同盟国として、それぞれ日本と関係を持ち、人の往来も盛んだった。三国が戦いを繰り返すなか、難民として渡来した人びともいれば、それぞれの亡国に際し亡命者として渡来した人びともいた。当時の日本人全体から見ればわずかな割合だが、地域によっては高い割合を示すところもあった。日本古代史に深く関わる秦氏や漢氏、文氏などはみな渡来人とその子孫である。

中国大陸からの渡来に関しては、東シナ海を横断する直接ルートと、朝鮮半島を経由するルートの二つが想定されるが、後者の場合、朝鮮半島で数世代を経てから、改めて日本に渡来したケースも考えられる。

『古事記』『日本書紀』に「呉人」の名で出てくるのは長江下流域の江南出身の人びとと考えられるが、公式の使節ならともかく、戦乱を嫌った難民が頑丈な船と熟練した船乗りを手配できたとは思えず、朝鮮半島までは陸地を見ながら大きく迂回して来たと見るのが妥当だろう。

中国の歴史書にはないが、後漢末や五胡十六時代の戦乱を避けるため、渡海に踏み切った人びとはかなりいたはずで、呉人もその一部であったと考えられる。

▼コロンブス以前に北米大陸に到達した民族

◆ヴァイキングの大冒険

ヨーロッパを見舞った民族大移動はゲルマン民族のもので終わらず、その後もスラヴ民族、マジャール人をはじめとするアジア系諸民族、さらにはゲルマン民族の第二波とも呼ぶべきヴァイキングの大移動が行なわれた。

ヴァイキングとはスカンジナビア半島とユトランド半島を故地とするゲルマン民族の総称。自然災害や食糧不足、人口過剰などの問題が起きるたびに、「略奪の航海」を繰り返していたが、やがては家族を伴っての占領、征服行為にも乗り出すようになった。ヴァイキングのなかでもとりわけ盛んだったのはデーン人の活動である。

デーン人はフランク王国では「北の人」を意味するノルマン人と呼ばれ、その足跡はバルト海から北海、大西洋、地中海、さらにはロシアを流れるドニエプル川にも及ぶ。

ロシア最古の歴史書である『過ぎし年月の物語』には、ロシア最初の国家であるノブゴロド公国の建国を862年のこととし、ロシアの諸侯が互いに争って譲らず秩序が保たれなかったので、「海の彼方のヴァリャーグ」に使者を送り、秩序の回復と支配を委ねたと記されており、これに応じて来訪したリューリク、シネウス、トルヴォルの3兄弟はノルマン人だったと言われている。

ノルマン人はイングランドにもたびたび襲撃をしかけたが、877年からは征服活動に手を染め、1016年から1035年まで全イングランドの王位をも占めていた。

いっぽう、デーン人は現在のフランスの前身である西フランク王国でも猛威を振るい、ほとほと手を焼いた西フランク王シャルル3世は911年にサン・クレール・シュル・エプトで条約を締結。カトリックへの改宗と臣従を条件に、デーン人が実効支配していた地域の領有を認めた。これよりその地域はノルマンディーと呼ばれることとなった。

こうして定住の地を得たノルマン人だが、そこもまた生産性の低い土地であったことから海外雄飛の熱が冷めることはなく、1066年にはイングランドの王位継承争いに参戦して勝利者となり、ノルマン王朝を設立。この王朝は1154年まで続いた。

これとは別に傭兵として地中海まで遠出する者たちも現れ、彼らの奮戦によって1130年には教皇からイタリア半島南部とシチリア島の領有を認められる。シチリア王国がそれである。

だが、ヴァイキングの足跡はそれよりもさらに遠く、大西洋を横断して北米大陸にまで到達していたことが、20世紀になって確認された。

中世アイスランドの散文物語『サガ』には、「赤毛のエイリーク」の異名を持つレイヴ・エイリークという冒険好きの男がグリーンランドの発見と入植を終えたのち、さらに西へ向かい、未知なる陸地を発見。ヴィンランドと命名したと記されている。

長らくグリーンランド以降のことは伝説にすぎないと思われていたが、カナダ東海岸に浮かぶニューファンドランド島のランス・オ・メドーから紀元1000年頃のヴァイキングの住居跡や道具が発見されるに及んで、伝説は一気に歴史へと転じた。コロンブスよりも500年近く前にアメリカ大陸に到達したヨーロッパ人がいたのだから。

しかし、『サガ』の中にもあるように、ヴィンランドでの生活は厳しく、ヴァイキングたちはほどなく入植を断念し、完全撤収を余儀なくされた。アイスランドよりもさらに厳しい環境だったのだろう。

▼国家を失った民族がたどった足跡▲

◆ユダヤ人離散の始まりとなったバビロン捕囚

名称と章の並び順が違うだけで、キリスト教で言う『旧約聖書』はユダヤ教とキリスト教の双方で聖典として扱われている。その内容はユダヤ人の民族叙事詩で、世界の誕生から解き明かし、ユダヤ人の祖先が経験した紀元前５００年くらいまでの歴史が事細かに記されている。

しかし、日本の『古事記』『日本書紀』がそうであるように、そのすべてを史実と受け取ることはできない。特に「エデンの園」の話からユダヤ人の祖先にあたるヘブライ人がカナンの地、すなわち現在のイスラエルとパレスチナ自治区をあわせた地域の支配者になるまでの歴史は伝説や創作の色が濃すぎる。同地を民族固有の領土とする根拠が、「神が約束をされた地」だからというのも、まったく説得力がない。

少なくとも、カナンの地に先住民がいたことは明らかである。外部から侵入して同地の支配者となった雑多な勢力がヘブライ人を名乗り、あたかも同一の祖先を持つかのような系譜を作りあげた。それが真実に近いのではなかろうか。

ヘブライ人は12の部族からなり、北方の10部族によってイスラエル王国、南の2部族によってユダ王国が築かれたと『旧約聖書』にはあるが、この12部族こそが右に挙げた「雑多な勢力」であったのかもしれない。ともあれ、ダビデ王によって南北統一王国が築かれたとされる前1000年頃からようやく史実の色彩が濃くなってくる。

統一王国は次のソロモン王の晩年に南北に分裂。イスラエル王国は前722年に現在のイラク北部を本拠地としたアッシリアにより、ユダ王国も前586年にイラク南部を本拠地とした新バビロニアにより滅ぼされ、王の家族や官僚、職人以下、ほとんどの民が強制連行された。この出来事を称して「バビロン捕囚」と言う。

バビロンは新バビロニアの都。実際には新バビロニア領内のあちこちに分散させられたのだが、バビロンに配置された者が一番多かったことから、右の名が定着した。

このバビロン捕囚は新バビロニアがイランのアケメネス朝に滅ぼされた前538年に解除されるが、すでに生活基盤を築いていたことからカナンの地に戻らず、バビロンに居残った者も少なくなかった。そのためバビロンには中東最大のユダヤ人コミュニティーが築かれ、20世紀前半まで存続するのである。

南北両王国の滅亡とバビロン捕囚について、『旧約聖書』は不信仰に走る者、具体的には多神教に走る輩が続出したからとしているが、実際にはこの捕囚という逆境があったからこそ、民族として

の一体感を保つため、現在のようなユダヤ教の戒律が整えられたと考えられる。最初から一神教であったわけではなく、他の民族の信仰との差別化を図るため、唯一神や豚肉食の禁止、安息日の厳格化など、他の宗教と被ることのない独特な教義が定められたのだろう。

バビロン捕囚をユダヤ人が離散した第一の衝撃とすれば、第二のそれはローマ帝国の支配にある。ローマがユダヤ教の教えを土足で踏みにじるに及んで、ユダヤ人は紀元66年と132年の二度にわたり大反乱を起こした。

あまりにも抵抗が激しかったことから、ローマ軍による弾圧も厳しく、二度目の反乱が平定された135年には、ユダヤ人のエルサレムへの立ち入りが禁止され、違反者には死刑が適用されることとなった。

ローマ帝国側の腹の虫はそれだけでは収まらず、ユダヤ人がつけた地名はすべて消し去られ、それまでの属州ユダヤも「ペリシテ人の土地」に由来するパレスチナと改められた。ペリシテ人は先住民の中の一部族だった。

二度の大反乱でパレスチナ全土が荒廃したことから、エルサレム以外でも多くのユダヤ人が生まれ、故郷を捨て、ローマ帝国領内の各地に散らばっていった。パレスチナはしばらく人口のまばらな地となり、7世紀にはアラブ人の土地となるのだった。

Chapter 3

貿易

七つの海をわたり
巨額の富を手に！

東西をつなげた貿易が世界を大きく変えた
欧州の暗黒時代に光をあててみると

古代文明誕生の地は大きく二つに分けられる。農業に適した地か交易に適した地のどちらかで、前者の代表格がいわゆる四大文明、後者の代表格が地中海文明である。地中海文明は現在のギリシアとレバノンを二大拠点とした。細かい部分は抜きにして、交易と貿易は同じ意味と考えてよい。これといった特産品はないが、海に面していて良い港が持てれば、中継貿易の地として繁栄を謳歌することが可能だった。ただし、戦乱により交易路が遮断されれば手の打ちようがなく、中継貿易にとって周辺国同士で力の均衡がとれているか超大国の存在が不可欠だった。

造船技術や航海術が進歩すれば、より遠方まで出向くことが可能になる。地

経済の仕組みの変遷

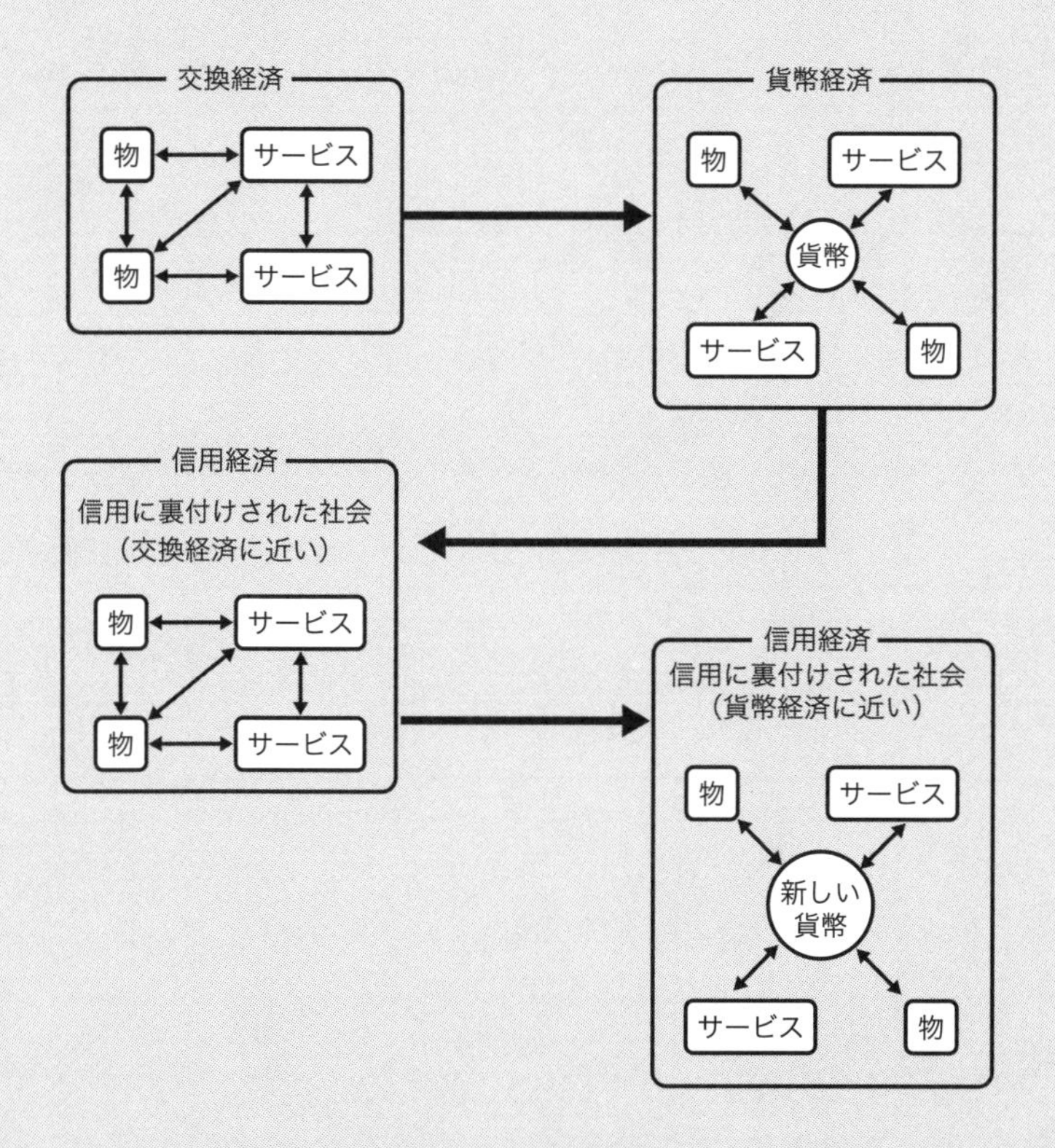
交換経済
物
サービス
物
サービス
貨幣経済
物
サービス
貨幣
サービス
物
信用経済
信用に裏付けされた社会
（交換経済に近い）
物
サービス
物
サービス
信用経済
信用に裏付けされた社会
（貨幣経済に近い）
物
サービス
新しい
貨幣
サービス
物

中海や東シナ海の枠に留まらず、陸地に沿って進まずとも、インド洋や大西洋を横断するようなルートだ。

新たな航路の開拓を巡り、熾烈な競争が繰り広げられたのが15世紀に始まる大航海時代だった。それ以前、すでに中国・明の艦隊がインド洋を席捲していたが、彼らの目的は征服でも貿易でもなく、ただ朝貢を促すことにあったため、せっかくの冒険も一過性のものに終わった。

ところが、ヨーロッパ諸国による大航海時代は大きく性格が異なり、聖戦と貿易という二つの目的からなっていた。聖戦はオスマン帝国の脅威に対するキリスト教国家としてのもので、貿易とはひとえに香辛料を安く入手することにあり、後者には中世における人口の激減が関係した。

ヨーロッパの中世が「暗黒時代」と称される理由は、ペストの流行や異常気象により人口が激減したことにある。しかし、それは衰退をもたらすどころか、過剰だった人口が適正な数にまで落ち込んだことで逆に生活水準を向上させ、肉食の普及をもたらした。それに伴い肉の保存と味付けのために香辛料の需要が拡大。安価で安定的な供給を確保するためには香辛料の産地か集散地まで直接出向く必要があるというので、イスラーム世界を通らずに済む新航路の開拓に邁進。その努力の積み重ねが大航海時代につながったのだった。

航路の維持のためには飲み水や新鮮な食料の確保ができる中継点が必要であり、そこに常駐の係員を配置するには警護の兵士も必要となる。集散地や産地についても同様だが、いちいち取引するより、武力で圧倒的に勝るなら占領してしまったほうが安くあがる。それが植民地の始まりであり、占領された側では悲喜こもごもだった。それがのちの発展につながったところもあれば、資源を収奪されるばかりで荒廃するところもあったからだ。

ともあれ、大航海時代によって、国際貿易のルールが西欧諸国の一存で決められるようになったのは確かで、その影響は現在にまで及んでいる。

日本に開国を迫ったアメリカの事情

◆ようやく脚光を浴び始めた環太平洋貿易

2018年3月、南米のチリで「環太平洋パートナーシップに関する包括的及び先進的な協定（TPP11協定）」が署名された。大筋合意に至ってからアメリカが脱退したため、オーストラリア、ブルネイ、カナダ、チリ、日本、マレーシア、メキシコ、ニュージーランド、ペルー、シンガポール、ベトナムの11か国でのスタートとなった。国内総生産の合計が世界経済の約13パーセントを占めることから、加盟各国のさらなる経済成長の呼び水になると、大いに期待が寄せられている。

アメリカの脱退は多分に自国第一主義のエゴが原因だが、アメリカにとっても今や環大西洋貿易よりも環太平洋貿易のほうが重要なことは明らかで、アメリカはそれを19世紀の段階で予測していた。

ペリー提督による浦賀来航は1853年のことだが、その目的は捕鯨船と商船のための補給基地の確保にあった。ランプの原料としてクジラの脂（あぶら）が不可欠というのに、大西洋のクジラ資源は減少の一途をたどり、新たに太平洋での捕鯨が急務となった。対中貿易の活発化も予測されたことから、補給拠点の確保が急がれたのである。

１８９８年3月にハワイを併合したのに続いて、米西戦争の勝利に伴い、同年12月のパリ条約でグアムとフィリピンの領有が認められると、アメリカの太平洋志向はさらに高まりを見せた。

この時点ではまだ環太平洋貿易の規模は小さく、環大西洋貿易から上がる利益に遠く及ばなかったが、人口大国の中国が存在する以上、その将来性には大いに期待が持てたため、１９００年7月には国務長官ジョン・ヘイの名で中国の領土的・行政的保全を謳った門戸開放通牒を関係各国に送付している。

アメリカは１８２２年にいわゆる「モンロー主義」を発表。中南米市場をアメリカの独占下に置こうとしたが、中南米諸国の経済成長が予想外に鈍く、別の市場を開拓する必要に迫られた。環大西洋貿易だけでは先行きに不安が大きいことから、どうしても中国を意識しての環太平洋貿易に目を向けざるをえなかった。日本の中国大陸進出に神経を尖らせたのも、すべては中国市場を日本が独占するのではとの不安に由来していた。

アメリカが国民の反対を振り切り、第二次世界大戦への参加に踏み切ったのは、債務国である英国の救済と並んで、中国市場からの締め出しを恐れたためでもあった。蒋介石（しょうかいせき）の国民政府が相手であれば、いくらでも操縦が可能。アメリカ製品を優先的に輸入させることができるというので日本への圧力を強め、太平洋戦争に突入したのだった。

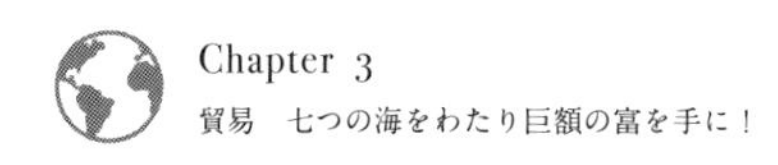

ところが、日本の敗北と無条件降伏までは計算のうちでも、国共内戦で蒋介石の中国国民党が敗退したのは、とんだ計算違いだった。そのためアメリカの対太平洋政策は大幅な変更を余儀なくされた。

中国共産党による一党独裁下の中国が改革開放政策に転じてからは米中貿易も盛んになったが、そこには落とし穴もあった。知的所有権の侵害、技術の盗み出し、貿易摩擦など重大な問題が続出して、中国一辺倒は危険との考えが広がり始めたのである。

日本や韓国、台湾の経済成長は持続しており、ASEAN（東南アジア諸国連合）の将来性にも期待が持てる。オーストラリアやニュージーランド、中南米の一部も新興国と呼ぶに値する存在になるなど、中国抜きでも環太平洋貿易は重要な意味を持つようになった。

環太平洋諸国の利害とも一致したことから、TPP成立に向けての話し合いが急ピッチで進められたわけで、今後の成り行き次第ではアメリカも考えを改め、中国も加盟に向けて動き出すかもしれない。もし米中両国が加盟すれば、世界最大の経済圏に成長するに違いない。

欧州列強がアジアを植民地化した理由

◆昔からあった貿易摩擦

米中貿易戦争は「新たな冷戦」とまで呼ばれており、どこに着地点を見出すのか皆目見当のつかない状況にある。貿易摩擦は日米間にもあって、こちらも予断が許されない。

世界の歴史上、国際間の貿易摩擦が深刻化したのは近世以降のことで、それと英国発の産業革命は不可分の関係にあった。

英国のアジア貿易は1601年設立の東インド会社による独占状態にあった。当初、アジア貿易の最大の相手はインドで、最大の輸入品は高品質で低価格の綿織物だった。1664年には東インド会社の全輸入額の73パーセントを占めていたと言うから、相当なものである。インド産の綿織物は東南アジアでも人気が高く、香辛料買い付けの代価もそれで支払わねばならなかった。

その後、中国産の茶葉や陶磁器の輸入が増えたために増減の幅が大きくなるが、それでも1760年までの統計を見ると、輸入品に占める織物の割合は最低でも29・7パーセント、最高時には92パーセントを占めるほどだった。これには中国産の絹織物も含まれるが、その割合は高くても3パーセントに届かず、残りすべてはインド産の綿織物だった。

対するに英国側の主力輸出品は毛織物であったが、気候風土の違いからインドではまったく需要がなく、英国は大西洋の奴隷貿易で蓄えた富をその対価として吐き出さねばならなかった。これでは富が相殺されて、全体としてはトントンになってしまう。加えるに、国内の毛織物や麻織物、絹織物業者からの反発が高まり、綿織物の販売店への襲撃や綿織物を着用する人を襲い、衣服を切り裂くなどの暴力行為も頻発する事態となった。

消費者が綿織物を求めているのだから、綿織物自体を根絶するわけにはいかない。そうなれば、英国に残された手段は綿織物の国産化と、既存の織物業者を綿織物業者に移行させるしかなかった。輸入代替品の製造である。

当然ながらハードルは高い。しかし、付け入る隙はあった。インド産の綿織物はすべてが手作りだったから、すべてが高品質なわけではなく、大きなばらつきがあった。同等かそれよりも低価格で、品質の安定しているものを作ることができれば、対抗の余地があった。

このハードルをどうすれば越えられるのか。導き出された解答は機械による大量生産で、これこそ産業革命の序曲だった。

インドの熟練職人の手掛けた商品には及ばないが、機械による作業だから平均レベルでは勝る。人件費を大幅に削減できたから原価も販売価格も抑えられる。機械の動力を水力から蒸気に切り替えると生産性はさらに高まり、イギリス産の綿織物は国内市場からインド産のそれを駆逐しただけでなく、逆にインドへ輸出されるようにもなるのだった。

だが、機械生産には一つ問題があった。原価を抑えるためには大量生産が必要条件で、それを売りさばかなくては意味をなさなかったのである。それには国内とインド市場だけでは不十分で、さらなる市場開拓が求められた。

そこで英国は清朝統治下の中国をはじめ、人口の多い国や地域に市場開放を求めるとともに、隙あらば植民地化か半植民地化する外交政策を推進していくのだった。

滅ぼされた武器を持たない都市国家

◆貿易立国カルタゴの盛衰

共和政時代のローマをとことん苦しめたカルタゴの将軍ハンニバルの名は日本でもよく知られている。

カルタゴは現在のチュニジアの首都チュニスの北、地中海岸にあった都市国家で、フェニキア人の築いた植民市に始まる。

フェニキア人の故郷は現在のレバノンの沿岸部。フェニキアの名はギリシア人が彼らを、赤紫の染料を意味する「フォイニクス」と呼んだことに由来する。その染料はレバノン沿岸部の特産品として知られていた。

フェニキア人は海を舞台とした交易の民で、広大な領域国家を築くことなく、地中海沿岸の各地に植民市を築く道を選んだ。カルタゴはその中のひとつで、フェニキア人の故郷が相次ぐ大国の攻撃で壊滅してからも繁栄を続けた。

伝説によれば、カルタゴの建市は紀元前814年かその翌年のこと。建設者はエリッサという女性と伝えられる。

エリッサは本土の要となる都市国家テュロスの王女で神官の娘でもあった。隠し財宝に目がくらんだ彼女の兄でもあるテュロス王によって夫が殺害されると、彼女と同じく王を憎む貴族や元老院議員らとともに故国を脱出。行き着いた北アフリカのとある岬で、土地の首長から、1頭の牛の皮で覆えるだけの土地の領有を許されると、牛の皮を細く切り、長い紐状にして岬の先にあった丘全体を囲った。これがカルタゴの始まりで、その名はフェニキア語で「新しい」を意味する言葉に由来している。

伝説の真偽はともかく、カルタゴはギリシア人と抗争を続けながらも順調な成長を遂げ、現在のチュニジアとリビアに加え、サルデーニャ島も領有するなど、西地中海の覇権を手中にした。

だが、両雄並び立たずで、シチリア島を巡り、ローマ人と衝突することとなった。かくして勃発したのが第一次ポエニ戦争（前264〜前241年）で、ポエニとはフェニキアのラテン語読み。この戦争はカルタゴの敗北に終わり、カルタゴはローマから、シチリア在住のローマの同盟者に対する戦争の禁止、全ローマ人捕虜の身代金なしの返還、10年賦で3200タラントの銀（1タラントは約26キログラム）の支払いを課せられることとなった。

講和が成ったとはいえ、両者の不信感が消え去ったわけではなく、ローマの背信行為によりサルデーニャ島とコルシカ島を失ったことに加え、ローマとの戦争回避のため新たに1200タラントの支払いを課せられたことが、カルタゴ側の姿勢を硬化させた。これが第二次ポエニ戦争（前218〜前201年）を誘発させたのだが、カルタゴはローマを後一歩のところまで追い込みながらまたしても敗北を喫し、イタリアおよびガリアからの完全撤退、イベリア半島の放棄、イタリアとアフリカの間にあるすべての島々の放棄、10隻を除く全軍船の引き渡し、ゾウと大量の穀物の引き渡し、銀1万タラントの50年以内の支払いなど、前回よりさらに過酷な条件を課せられることとなった。

おおかたのローマ人はこれでお終いと考えていたが、マルクス・ポルキウス・カトー（大カトー）のように、ローマ内にはカルタゴの息の根を完全に止めるべきとの声も存在した。当初は少数意見に過ぎなかったが、カルタゴの復興が驚異的な速度に進んでいるとの報告を受けるや風向きが変わり、対カルタゴ強硬論がにわかに高まりを見せた。

カルタゴの復興の速さは、ひと重に地中海貿易がもたらす利益にあったが、その仕組みをよく理解できないローマ人には恐怖を煽る効果しかなく、第三次ポエニ戦争（前１４９～前１４６年）の勃発となった。これによりカルタゴは礎石さえ残さないほどに破壊され、地上から姿を消したのだった。生き残った住民はすべて奴隷として売られ、町が再建されることは二度となかった。

▼自国優先主義が生み出す経済の不均衡

◆ブロック経済の功罪

平凡社の『大百科事典』で「ブロック経済」と引くと、「一般には、世界経済史上１９３０年代の大不況期から第二次大戦中にかけて現れた、主要国が自国を中心にいくつかの国によって排他的、閉鎖的なグループをつくり、その中での貿易によって経済を運営しようとした現象のことを指し、経済のブロック化とも言う」とある。

またブリタニカ国際大百科事典には、「複数の国々または本国と植民地、半植民地、従属国が形成する一つの経済圏、広域経済とほぼ同義に使われる。ブロック内の国々の経済的利益を守るため、対外的に貿易その他の面で障壁をつくって自由な経済交流を妨げる一方、ブロック内では特恵関税により相互の経済関係を強めるよう行動するのが特色」としながら、「最近ではEUの市場統合、北米自由貿易協定NAFTAなどがブロック経済を目指すものの例としてあげられる」としている。

最初のブロック経済の出現は1929年10月ニューヨーク発の世界恐慌（大不況）を発端とした。ヨーロッパでも1931年5月、オーストリア最大手のクレディット・アンシュタルト銀行が破産したことをきっかけに金融危機が発生。再生軌道に乗りつつあったドイツ経済はもちろん、大恐慌がヨーロッパ全土に拡大する事態となった。

左右両極の勢力争いが激しさを増すなか、列強各国は経済のブロック化で危機を乗り越えようと試みた。だが、そこには「持てる国」と「持たざる国」の格差があり、スタート位置が違うのだから、後者の不利は明らかだった。

「持てる国」とは植民地や半植民地、従属国を多く持つ国で、「持たざる国」はその逆である。前者の代表格は英国とフランスで、後者のそれはドイツやイタリア。アメリカは前者、日本は後者に数えられた。

英国の経済圏は本国とアイルランド、オーストラリア、ニュージーランド、カナダ、南アジア全域、東南アジアのビルマ（現在のミャンマー）、マレーシアにまで及び、フランスのそれも北アフリカのマグレブ地方と西アフリカ、インドシナ半島と広大な範囲に及んだ。アメリカもラテンアメリカとカリブ海の島々に加え、ハワイを有し、フィリピンをも経済圏に含んでいたことから、当面の危機は避けられそうだった。

問題なのは「持たざる国」で、日本は台湾と朝鮮半島、満洲を有していたとはいえ、それだけではとても足りず、イタリアとドイツの事態はさらに深刻だった。植民地獲得競争への参入が遅れたせいで、市場として期待が持てる植民地はなく、経済のブロック化を図るためには、他国を侵略するか他の列強から分捕るしか手立てがなかったのである。

かくしてナチ政権下のドイツは同じくドイツ人国家であるオーストリアに続いて、ドイツ系住民が多く居住するチェコスロヴァキアのズデーデン地方を併合。さらにポーランドへの侵攻を開始したことで、ポーランドと安全保障条約を結んでいた英仏両国が参戦を決め、第二次世界大戦の勃発となったのだった。

当時のブロック経済と現在のブロック経済で何が違うのかと言えば、それは主権の有無にある。現在のブロック経済は主権国家同士の平和的な話し合いに基づく双方合意のもので、どこか一国だけが得をするようにはなっていない。しかし、アメリカのトランプ政権にはその原則を崩す恐れがあり、関係各国は一様に警戒の念を強めている。

▼なぜオランダがヘゲモニー国家になれたのか▲

◆新興独立国家がとらざるをえなかった選択

現在からは想像もつかないかもしれないが、かつてオランダが世界経済の主導権を手にしていた時代がある。英国に先立ち、世界初のヘゲモニー国家となったのである。植民地こそ少なかったが、海上交易を握ることで、その地位を獲得したのだった。

オランダの正式名称はネーデルラントで、かつては現在のベルギーをもあわせた地域が、「低地諸州」を意味するネーデルラントと呼ばれていた。

ネーデルラントは1384年のフランドル伯ルイ・ド・マールの死とともに、フランス王室であるヴァロワ家の分家ブルゴーニュ公の統治下に置かれたが、1477年、同家のシャルル突進公が戦死して、その娘マリーがオーストリア大公マクシミリアンと結婚すると、ハプスブルク家の所領となった。

このマクシミリアンが１５０８年に神聖ローマ皇帝に即位。婚姻政策の成功により、スペイン、ハンガリー、ボヘミア（現在のチェコ）までをもハプスブルク領とするが、広大すぎるというので、孫の代にスペイン系とオーストリア系に家を分けたとき、ネーデルラントはスペイン領とされた。

スペインは当時の西ヨーロッパで一番の軍事大国。本来であればネーデルラントは従順でいるしかなかったところが、ネーデルラント北部にプロテスタントの改革派が浸透。スペインが異端審問を強化させるだけでなく、カトリックの貴族にまで粛清の範囲を広げたことから、反スペイン感情が一気に盛り上がり、１５６８年には八十年戦争と呼ばれる事実上の独立戦争に突入したのだった。

何度かの休戦を挟んだ戦争の最中、オランダを中心とするネーデルラントにとり困った事態が生じた。スペイン・ポルトガルとの商取引が途絶えたことから、肉の保存と調理に不可欠な香辛料の入手が困難になったのである。そこでオランダも自分たちでインド洋まで出向くようになった。

これより先、オランダは中世以来のハンザ同盟を駆逐して、バルト海貿易をほぼ独占状態に置いていたが、イタリア諸都市が木材の枯渇から自前で船を建造できなくなった事態に乗じて、地中海貿易にも進出。事実上の独占体制を築いた時点にはヨーロッパ随一の海洋国家に成長を遂げていた。

香辛料を得るために始めたインド洋進出はポルトガルが開拓した拠点を奪うことに始まり、過剰な競争を避ける意味から１６０３年にはオランダ東インド会社を設立。インド洋と太平洋の事に関しては、この会社に一任した。

ヨーロッパ内の海上貿易はすでに地中海からバルト海・北海へと中心が移動していたが、その両方を牛耳るオランダの経済力は他に抜きん出ることとなった。いっぽう、香辛料の代価としてこれと言った輸出品を持たなかったオランダは貴金属を支払いにあてるしかなく、それには自ずと限界があった。そのためオランダは、アフリカ南端をまわる遠海貿易より、アジア内貿易に重点を移すことにした。

アジアの海にはすでにスペインとポルトガルが進出しており、もちろん現地の貿易商も存在した。そこでオランダは新規参入のために三つの手段を使い分けた。一つは武力による拠点の征服で、一つは同じく武力による属国化。もう一つは平和的な関係構築で、日本に対しては三つ目の方策がとられた。

すでにスペインとポルトガルが手をつけていたところには前二つの方法が取られた。オランダが手を出さなかったのはフィリピンと朝鮮半島だけで、1680年代までにはインドネシアの島嶼部からオランダ以外すべてのヨーロッパ人が駆逐され、胡椒以外の香辛料はオランダ東インド会社の独占下に置かれたのだった。

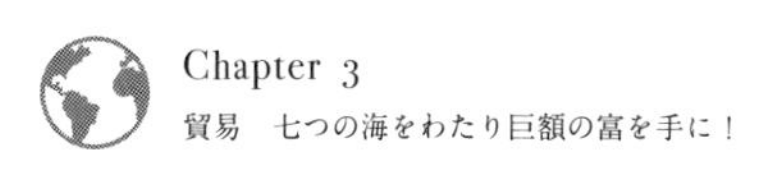

▼航海術の発達が欧州の食卓を変えた

◆世界史にとっての大航海時代

１４９２年に始まる大航海時代の本格化は、インド洋と太平洋へのヨーロッパ人の進出及びそれに伴う国際秩序の大転換をもたらしただけではなく、世界の食料事情を激変させた。ジャガイモ、サツマイモ、トウモロコシ、落花生、トウガラシ、トマト、ピーマン、キャッサバ、インゲン豆など中南米原産の作物が他の大陸に伝播したことで、人口爆発と現在につながる名物料理の数々を生み出したのだから。

大航海時代以前、地球の総人口は微増にとどまっていた。ある程度増えたところで凶作や疫病に見舞われて人口が激減。その繰り返しだったからである。自然災害を前にしては抵抗する術がなかったのだ。

そんな自然界の法則を一変させたのが中南米原産の新作物だった。ヨーロッパでは主にジャガイモが人間用、トウモロコシが家畜の飼料として定着し、アイルランドでは救荒作物どころかジャガイモが主食の座を獲得。英国とドイツでも食卓に欠かせないものとなった。

アフリカではトウモロコシ、キャッサバ、落花生が、これまた救荒作物どころか主食として定着した。トウモロコシはそのまま茹でたり焼いたりするのではなく、いったん粉状にしてからクレープのように焼き上げ、おかずと一緒に食べるのが一般化した。

中国ではサツマイモ、トウモロコシ、落花生が救荒作物や主食として定着した。サツマイモは茹でるか蒸かして、トウモロコシはいったん粉状にして饅頭(マントウ)にするか、粒状にしてお粥にするかして食べられ、落花生は殻ごと茹でるか中の身だけを炒めるかして食べられた。これらの食べ方は基本的に現在も変わっていない。

一連の新作物の定着は世界各地で人口爆発を引き起こし、中国に関して言えば、18世紀の100年余りで人口を倍増させ、人口大国となる礎が築かれた。各地で余剰人口が生まれるなか、現在の河北省と山東省のそれは、清王朝発祥の地を理由にそれまでは漢民族の移住が禁止されていた東北部へ、湖北省のそれは明王朝末期の動乱で人口が激減した四川省へ、福建省南部のそれは台湾へと大挙して流れた。

新作物の普及は食卓にも変化を起こさずにはいられず、なかでももっとも大きな変化を促したのがトウガラシである。それまでの香辛料では出せない辛さを味わえるようになったのだから。

イタリアではトマトの普及と相まってパスタのアラビアータ、中国では四川料理の定番であるマーボー豆腐、朝鮮半島では辛いキムチが生み出されたほか、タイやミャンマー、ブータンなどで

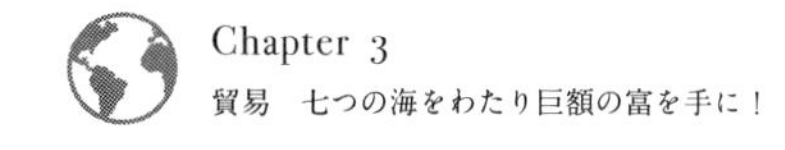

はトウガラシのない料理など考えられなくなった。気候柄、生ものが痛みやすい地域や平熱を高く保つ必要のある地域では特にその傾向が強い。

インゲン豆は今や世界中でもっとも多く生産・消費されている豆で、生産量ではインドが第一位。以下にブラジル、メキシコ、中国、アメリカが続く。フランスではフラジョレという改良種が作られ、肉料理の付け合わせに欠かせない食材となるなど、世界各国でそれぞれの嗜好にあった様々な品種改良が行なわれてきた。日本には隠元（いんげん）という中国の禅僧によりもたらされたことから、その名がついた。

こうして見てみると、世界の名物料理や郷土料理ともてはやされるものの大半が、大航海時代以降のメニューであることがありありとわかる。地球上の地表にはもはや人類未踏の地はなくなったが、何かのきっかけで従来マイナーだった作物が注目され、世界中に流布する事態が今後も起こらないとは限らない。美容や生活習慣病に効果があるとわかれば、それこそあっという間に普及するのではなかろうか。

大量生産のために必要だった労働力

◆悲惨を極めた奴隷貿易の実情

甘味をもっぱら蜂蜜に頼っていたヨーロッパに砂糖をもたらしたのは十字軍だった。その原料であるサトウキビの原産地はニューギニアあたりともインドとも言われるが、最初に産業化されたのはインドで、そこからイスラーム世界に伝播。十字軍の帰還兵が持ち帰り、地中海の島々でも栽培されるようになった。

需要が増えるに伴い、大西洋の島々でも生産が開始されるが、それでも需要に追いつかない。大航海時代が本格化すると、カリブ海の西インド諸島が栽培に適していることがわかり、大農園で大量生産されるようになった。

だが、ここで大きな問題が持ち上がる。労働力としてあてにしていた先住民がヨーロッパ人の持ち込んだ未知なる病原菌と過重労働でバタバタと倒れ、全滅してしまった島もある。アメリカ大陸本土でも事情は同じで、先住民の人口は極短期間で激減した。

早急に代わりの労働力を確保する必要に迫られた業者らはアフリカの黒人に目をつけた。かくして、英国やポルトガル、フランスによる奴隷貿易が開始されたのだった。「砂糖のあるところ、アフリカ人奴隷あり」と言われる時代が到来したのである。

しかし、ヨーロッパ人が直接奴隷狩りをしたわけではなく、その役割は西アフリカのダホメ王国（現在のベナン共和国）が代行して、引き渡しは港町のウィダーで行なわれた。代価には銃や弾薬、ラム酒、綿布、ビーズなどがあてられた。

売却された黒人奴隷は「黒い積み荷」と呼ばれ、彼らには大西洋を横断する過酷な航海が待ち受けていた。薄暗く不衛生な船底にすし詰め状態にされた黒人奴隷たちはろくに飲み水も与えられず、脱水症状や伝染病で次々と死んでいく。「中間航路」と呼ばれた大西洋横断の旅は、黒人奴隷にとってはこの世の地獄と言ってよかった。出航早々に入水自裁を図る者も多くいて、むしろそのほうが賢明な判断だったかもしれない。

運よく西インド諸島に上陸できても、現地の環境に適応できない者はこれまたバタバタと死んでいき、結局、西アフリカで船積みされた黒人奴隷のうち、生きて農園に引き渡される者は当初の半分にも満たなかった。

業者としてはそれでも十分儲けになったわけで、彼らは代価として得た砂糖や綿花、タバコ、染料のインディゴ、ココアなどを積み込むと、それぞれの本国へと引き上げた。つまり、奴隷貿易は大西洋を挟んだ三角貿易のかたちで行なわれたのだった。

15世紀末からの300年間で運ばれた黒人奴隷の総数は1000万人とも1200万人とも言われている。そのうち3分の1は英国の業者により行なわれ、英国こそが最大の受益者でもあった。途中で死亡する者が多くても、黒人奴隷は積み荷扱いだからロイズの保険が適用される。だから、途中でどれだけ死者が出ようと、まったく痛手にはならなかったのだった。

そんな英国でも奴隷貿易への批判が高まり、議会で奴隷貿易の廃止が決議されたのが1807年、奴隷制度そのものが廃止されたのが1833年のことで、翌年から5年間の経過措置を経て、ようやく全面的に廃止された。

採算を度外視した中国の朝貢貿易

◆中華的世界の拡大と縮小のものさし

中国の外交史には世界史上極めて稀な特徴がある。中華王朝を頂点とする冊封（さくほう）体制下で行なわれた朝貢貿易がそれで、経時的な面だけを見れば、中華王朝側の大損だった。

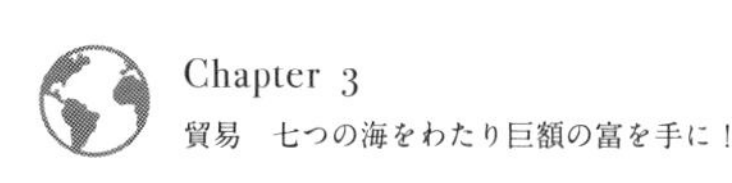

冊封体制とは中華王朝を宗主国、諸外国を藩属国とする前提のもと、諸外国の君主が中華皇帝の徳を慕い、献上品を持参してやって来たのに対し、皇帝が恩賜として然るべき爵号と回賜（かいし）を授けるシステムのことで、これに伴う物資のやり取りを朝貢貿易という。

東アジアにおけるこのようなシステムは前漢の武帝時代（在位前１４１～前８７年）に始まる。中華王朝が唯一の超大国で、諸外国の格付けをできるのは中華の皇帝ただ一人という自尊心のもとに成り立っており、朝貢に訪れる国の数が皇帝の徳の高さの表れとされた。

この冊封体制には日本も中国の後漢時代から加わっており、より良い格付けを得るための訪中は中国側の南北朝時代まで続いた。中国の史書にある「倭の五王」はその代表例である。

中華王朝の側は徳を誇示するのが目的であるから、朝貢貿易で儲けようという考えは毛頭なく、朝貢の品に対する回賜は最低でも倍返しが原則だった。これでは完全な出超、すなわち貿易赤字になるが、現ナマより面子を大事とするのが中国歴代王朝を通じての基本理念だった。

徳の誇示のもっとも極端な例は明の永楽帝（在位１４０２～１４２４年）である。彼は帝位簒奪者という引け目もあってか、徳の誇示に異常なまでの執念を燃やし、側近の鄭和（ていわ）に命じて行なわせた南シナ海とインド洋への７回に及ぶ大遠征も目的はそこにあったと考えられる。より多く、より遠方の国を朝貢に来させるために。

けれども、財政が逼迫して来れば、悠長なことはやっていられず、基本理念も揺らがざるをえなかった。明代中期以降の北方民族とのやり取りがそれで、北方民族の側は穀物や茶葉、織物などを常に欲していたのに対し、明王朝の側では北方民族が持参する献上品に何ら魅力を感じなくなっていた。馬の数は過剰ぎみで、毛皮を必要とする寒冷な地方も限られている。朝貢の使節団が来るたびに赤字が膨らむだけであることから、明の側では朝貢の頻度を減らそうとした。

いっぽうの北方民族にすれば、それは死活問題だった。国境での自由な商取引が禁じられていた以上、朝貢貿易に頼るほかない。それを減らされたら、この先どうやって生きていけばよいのか。

残された手段は略奪かそれを繰り返すことによって明側の譲歩を引き出すしかない。かくして北方民族による襲撃が繰り返され、一時は都の北京が包囲される事態が生じるに至って、明の側も譲歩を決め、国境付近での定期的な市場の開設を認めたのだった。北方民族のこのようなやり方は明の時代が最初ではなく、同じような状況に立たされたとき、古くから繰り返されてきた戦術でもあった。

先ほど日本と中華王朝の関係について触れたが、中国側の隋・唐の時代に関して言えば、日本は使節を派遣しながら、宗属関係は結ばずにいた。聖徳太子こと厩戸皇子（うまやどのおうじ）（574〜622年）が隋の煬帝（ようだい）（在位604〜618年）に宛てた国書に「日出（い）づる処の天子、書を日没する処の天子に致す」としたためたのも、意思表示の一つだった。

時代は下り、室町幕府の第三代将軍足利義満（在位1368〜1394年）は貿易の利を優先させ、明の皇帝から「日本国王」に封じられているが、明の使節が来日した際、叙任の儀式に立ち会う者を少人数の側近に限った上、席次にも十分な工夫を凝らすなど、批判の声が高まらぬよう、細心の注意を払っていた。

▼「パクス・ブリタニカ」の汚点となったアヘン戦争 

◆列強が眠れる獅子に牙を剥いた

大航海時代に遅れて参入した英国は、東南アジアをめぐるオランダとの抗争に敗れてから、インド亜大陸の市場開拓と植民地化に力を注いだ。

その役割を担ったのが東インド会社だったのだが、本国での産業革命の進展に伴い、本国政府は東インド会社に対して、新たな課題をつきつけた。それは、自国工業製品の販路開拓、銀を対価としない中国茶輸入の確保、植民地であるインド政府の財源確保の3点からなっていた。

ここに中国茶輸入の確保があるのは、18世紀初頭の英国で上流階級の生活にバター付きのパンとお茶で朝食をとる習慣が定着したからで、同世紀中頃には一般大衆までが一日に何倍もお茶を飲むようになった。当然ながら茶葉とその容器であるポット、カップの需要も増え続け、東インド会社の茶貿易は1720年代には生糸、絹織物を抜いて対中貿易の首位に立ち、1760年にはインド産綿織物を抜いてアジア貿易全体の首位に立つまでに成長を遂げた。

しかし、そこには大きな問題がまとわりついていた。東インド会社は本国政府から毛織物の販売を義務付けられていながら、中国へのその輸出額は茶の輸入額の3分の1にすぎず、同社はその差額を銀で支払わなければならなかった。

このままだと会社が破綻しかねないことから、東インド会社は二つの手を打った。一つは本国政府に働きかけ、時の中国を統治する清朝政府に貿易の拡大を求めてもらうこと、もう一つはインド在住英国人やインド人にアジア地域内貿易限定のライセンスを与え、彼ら地方貿易商人にインド産アヘンの密輸をさせることだった。

なぜ政府間交渉が必要かと言えば、それは清朝政府が1757年以降、朝貢国以外は広州に商館を設けてそこに住まわせ、特許商人である広東十三行とのあいだでしか取り引きを許さなかったからで、東インド会社としてはアヘン貿易の合法化は無理としても、貿易港の拡充と貿易の自由化が望ましく、それを実現するには本国政府に動いてもらうしかなかったからだった。

これを受けて本国政府は1793年と1816年の二度にわたり公式の使節を派遣するが、いずれの交渉も不調に終わった。

これを合図にしたかのように、1820年代以降、中国へのアヘンの密売量が急増する。その背景にはアヘンの品質向上があり、18世紀末以来、年間4000箱台で横ばいだった密売量が1826年には1万箱、1830年には2万箱、1838年には4万箱にまで達し、対中輸出品の首位に立つこととなった。

この間の1834年には東インド会社の対中貿易独占権が廃止され、アヘン貿易は歯止めを失う事態となるが、清朝政府もこれを傍観していたわけではなく、何度も禁令を発していた。それでも、広東・福建両省など東南沿海地域の悪しき風俗と見なされていたアヘンの吸飲は全国規模で拡大を続け、健康被害はもちろん、治安や風紀にも深刻な影響を与えていたことは誰の目にも明らかとなった。

かくして1840年のアヘン戦争勃発を迎え、1842年締結の南京条約では、上海・寧波(ニンポー)・福州・アモイ・広州の開港、賠償金の支払い、領事の駐在、公行制度の廃止などが規定されるが、これで一件落着とはならなかった。なぜなら、その後も工業製品の対中輸出が期待したほどには伸びなかったからで、本国議会では清朝政府にさらなる市場開放を求める声が高まった。

隙があれば逃さず乗じる。こうした既定方針で待ち受けていたところ、1856年に英国国旗を掲げていた船が清の官憲の臨検を受ける事件が起きた。これと前後して、カトリックの宣教師が殺害される事件が起きたことから、英国はフランスと連合して再び戦争を挑んだ。アロー戦争または第二次アヘン戦争と呼ばれるのがそれで、1860年締結の北京条約では、アヘン貿易の合法化、開港場の増加、外交使節の北京駐在、領事裁判権の整備、キリスト教の公認、内地旅行の自由化、長江の開放などが定められた。

時に英国は「パクス・ブリタニカ（英国の繁栄）」と呼ばれる繁栄の真っ只中。二度のアヘン戦争はそれを象徴する戦いとなった反面、アヘン貿易を合法化するための戦争、英国史上最大の汚点とも言われるようになった。

Chapter 4

指導者

歴史が生んだ巨人たちの記録

国の命運を握る指導者が綺羅星のごとく現れる

名君と独裁者は紙一重の違いしかない

一国の命運は指導者にかかっている。近代以前の世界では特にその傾向が強かった。

指導者は皇帝か国王の場合もあれば、将軍や諸侯の場合もある。イスラーム世界ではカリフやスルタン、アミール、インドであればマハラジャ（藩王）の称号も使われた。近代以降になると、大統領、首相、総統、総書記、大佐などバラエティー色がさらに増す。

一国の命運が指導者の善しあしにかかるわけは、法治主義が徹底せず、人治の世のほうが長かったからで、たとえ法があっても君主の鶴の一声が優先されるようでは、法治主義は完璧とは言えなかった。

ただし、人治が絶対悪というわけではなく、法と現実が乖離している場合には、法の改正を待ってはいられず、君主のトップダウンで実情に照らした裁きの行なわれるのは、治められる民としてはありがたいことであった。非常時であればなおさらである。

指導者までを法で縛ることの是非は、近代以前の社会では一概には言えない。下々の民に自分で考える力や強い自覚が備わっていなければ、指導者がしっかりと民を導かないことには、社会がうまく機能しないからだ。

国の統治は版図が広くなるほど難しくなる。多くの民族、異なる宗教・宗派を抱えることになるからだ。少数派を多数派に同化させる政策は多くの場合、失敗に終っている。多数派が少数派を、強い者が弱い者を差別するあり方も近代以前ならともかく、アイデンティティや自由・平等が人類固有の権利と認識されるようになってからは通用しなくなってきた。指導者にはより慎重なかじ取りが求められるようになったのである。

本書では「善い指導者」と「独裁者」に分けて具体的人物を取り上げたが、

前者はいずれ劣らぬ名君と称えられた君主に絞った。大国の指導者として相応しい模範的な人物や、難局に立たされながらそれを巧みに乗り切った人物、新時代を切り開いた人物などである。

対する独裁者は「悪い指導者」と言い換えてもよい。いずれも恐怖政治を実行した指導者で、呼吸をするのと同じ感覚で人の命を奪いながら平然としていた点は共通している。現在から見れば、そんな独裁者の権力掌握を許したこと自体が誤りと判断できるが、当時の人びとにはまさかそこまでするとは予想もつかなかったのだろう。先を予見できる人はいても、そういう人びとの声は熱狂した人びとの耳には入らないか、聞く耳を持たれないことが多いのだから。

自由で民主的な選挙であれば、まともな指導者が選ばれるはず。近代の思想家たちはそうなるものと信じ込んでいたが、オポチュニストがはびこる現状を見れば、それが思い違いであったことは明らかである。愚行が繰り返される現実からすると、指導者の選び方に絶対はないようである。

▼領土拡大と内政安定で清の最盛期を実現した

◆わずか16歳で権力を握った康熙帝

中国・清王朝の時代は康熙帝・雍正帝・乾隆帝の三代を全盛期とし、その礎を築いたのは、清の前身にあたる後金を築いたヌルハチから数えれば四代目にあたる康熙帝（在位１６６６〜１７２２年）だった。

康熙帝の本名は愛新覚羅玄燁、廟号を聖祖という。愛新覚羅は満洲語で「黄金」を意味する言葉に由来し、玄燁は明らかに漢民族的な名前。廟号も漢民族の慣習に従ったものだが、「祖」の字は王朝の創始者か偉大な業績を残した皇帝にのみ贈られるのが原則なので、康熙帝の場合、その治世が大きな画期であったことを示している。明王朝三代目の永楽帝も成祖の廟号を贈られたが、これは彼が帝位簒奪者でなおかつ帝都を南京から北京に移したことに、康熙帝の場合は台湾をも含めた中国大陸全土を支配下に収め、清を完全なる征服王朝に導いた功績に拠るのだろう。

中国史上、漢民族以外による純粋な征服王朝としては、契丹の遼、女真の金、モンゴルの元などが挙げられるが、遼と金が自民族と漢民族を別個の制度で治める二元統治体制をとり、モンゴルの元は自民族を最上層とし、色目（しきもく）人と称される西方諸民族を第二層、早期に降伏した旧金領内の漢民族を第三層、最後まで抵抗した南宋領内の漢民族を第四層とする階層社会を築いた。

女真族の後裔である満洲族の清はどうしたかといえば、康熙帝は満洲族が人口の上で漢民族に遠く及ばない現実に鑑み、満洲族を最上層、その次に同盟者であるモンゴルを位置付け、漢民族を最下層としながら、全体としては中国の制度に倣うことを決めた。かつて中国内地に地方政権を打ち立てた匈奴や鮮卑などの例に倣ったのである。彼ら先達たちは数で勝る漢民族への同化を免れなかったが、康熙帝はそれを知りながら、中華王朝の伝統に倣う決断を下したのだった。

康熙帝の脳裏には「華夷一家」という考えがあった。天命を受けた者が中華を治めるのであって、そこでは民族の違いは関係ない。自分は天帝から託された使命を果たすまでだと。

華夷一家という考えがあったせいか、康熙帝は西洋文化に嫌悪感を示すことなく、イエズス会宣教師を厚遇した。康熙帝が特に興味を引かれたのは暦学や天文学、数学、地理学など自然科学の分野で、ベルギー人のフェルビースト（漢名は南懐仁）を国立天文台にあたる欽天監（きんてんかん）の監副に任じたのをはじめ、フランス人のレジス（雷孝思）には西洋式測量法で中国全土の正確な地図を製作するよう命じてもいた。

康熙帝が即位したのは8歳のときで、親政を開始したのはそれから3年後のこと。漢民族の将軍たちによる三藩の乱の平定や台湾の併合に加え、北方と西方にも軍を派遣し、ロシアの野心を挫くなど大きな成功を重ねたが、それでいながら内政を疎かにすることはなかった。

康熙帝が内政面で特に重視したのは「河務」「漕運」「三藩」の三点だった。これらのうち三藩はよいとして、残る河務と漕運は何かと言えば、前者は黄河の治水、後者は黄河と長江を結ぶ大運河の管理運営を意味していた。

黄河は華北（中国北部）最大の河川で、恵みの大河であると同時にひとたび氾濫を起こせば大惨事を引き起こす御しがたい代物だった。神話伝説上でも黄河の治水に成功した帝王は聖君と仰がれ、歴代王朝の命運も黄河をうまく制御できるかどうかにかかっていた。氾濫は大量の被災者と食糧不足を招き、治安の悪化に留まらず、反乱勃発の要因ともなりえたからである。

いっぽう、黄河と長江を結ぶ大運河は南北間の物資の往来の大動脈で、水底に溜まった土砂を継続的に除去しなければ、たちまち船の運行に支障をきたす。最大の穀倉地帯である江浙（現在の江蘇省と浙江省）や両湖（現在の湖北省と湖南省）との往来が滞れば、帝都の北京はたちまち飢餓に瀕するとあって、康熙帝は河務と三藩と並び、漕運を重視したのだった。

▼ヨーロッパ進出の野望を隠さず領土を二倍に▲

◆人材抜擢で内政を安定させたスレイマン1世

オスマン帝国のスレイマン1世は、ヨーロッパ人からは「壮麗者」と称され、領内のムスリムからは「立法者」と称えられた。

ヨーロッパ人はスレイマンとオスマン帝国に対して、恐怖と憧れという相反する二つの感情を抱いていた。後者は圧倒的な軍事力と首都イスタンブールの繁栄、勝手に膨らませたハレムのイメージなどに起因しており、確かに当時のオスマン軍は向かうところ敵なしだった。ベオグラードとロードス島を攻略したうえ、ヴェネツィア領であったエーゲ海の島々を次々と席捲。1538年9月には教皇の肝いりで結成されたヴェネツィアとスペインの連合艦隊をプレヴェザの海戦で破り、東地中海の覇権を手にした。

だが、ヨーロッパ人をもっとも驚愕させたのは、プレヴェザの海戦より早く、1529年に実行されたウィーン包囲だった。ウィーンは当時のヨーロッパで最大の勢力を誇ったハプスブルク帝国の心臓部で、わずか半月の短期であっても、そこが異教徒の手に落ちかけたことは、スレイマンとオスマン帝国に対する恐怖の念をヨーロッパ人に根付かせるに決定的効果をもたらしたのだった。

スレイマンは46年に及ぶ在位中、13回の親征を行なっている。従う兵士らは「黄金のリンゴの国まで征服しよう」と言い慣わしたというが、ここで言う「黄金のリンゴ」はウィーンを指すともローマを指すとも言われている。

スレイマンの外征先は東方のサファヴィー朝統治下やアラビア半島の南端にまで及び、紅海の制海権を入手したが、さすがにそれ以上の版図の拡大は限界にきていた。

オスマン帝国は伝説色の濃い初代オスマンから数えれば、第一次世界大戦後の滅亡までに36代続いた。スレイマンはオスマンから数えれば10代目、ビザンツ帝国を滅ぼし、帝国と呼ぶに相応しい国家を築き上げたメフメト2世から数えれば4代目にあたる。版図の拡大から内政の充実に重点を移すにちょうどよい時期だった。

中央集権体制の構築はメフメト2世の代から始まっていたが、スレイマンはそれを完成させるべく、版図全域で検地を実施させた。地方の領主に一任したのでは不正が横行しかねず、どれほどの税を課すのが適当なのか判断するには、正確な実情を把握する必要があったからである。

統治体制としては君主であるスルタンを頂点とし、その下に大宰相、そのまた下に宰相が配されたが、その大半は奴隷出身者で占められた。地方総督も同様である。名門の出身者や地方の実力者を高位の役職に就けることを極力避け、スルタン個人に忠実な者を優先登用したのだった。

官僚の任用と昇進に関する制度も整備されたが、スレイマンは官吏になる前提条件としてマドラサ（宗教学校）で教育課程を修了したのち、上級ウラマーによる推薦を経て初めて任官の資格を得ることとした。ウラマーとはイスラーム諸学を修めた知識人のことで、クルアーン（コーラン）の暗唱だけでなく、預言者ムハンマドの言行録であるハディースにも習熟していることが求められた。

オスマン帝国は多民族国家で、多数の異教徒を抱えてはいたが、基本的にはイスラーム国家であった。そこで問題となるのはシャリーア（イスラーム法）との兼ね合いである。

イスラーム国家では、ジズヤという人頭税を支払った異教徒には信仰の自由を認めるとともに、生命・財産の保証を与えるのを原則とする。スレイマンもその原則を継続しながら、ムスリムに対しては新たな法による支配の徹底を図った。

スレイマンによる立法作業とはその実、各地の旧慣や法令集、歴代スルタンの法令集、スレイマン当人が発した法令などをシャリーアとうまく融合させ、すべての法令がシャリーアに基づくものとなるよう、調整を加える作業だった。シャリーアというお墨付きがあっては表立って抗うことはできない。全員がウラマーからなる官吏にしても指針が明確になるのはありがたいことで、このような事情からスレイマンは「立法者」と称えられたのだった。

敵に囲まれてもひるまなかったバージンクイーン

◆英国繁栄の基礎を作ったエリザベス1世

16世紀の西ヨーロッパを見舞った宗教改革。イングランドは無風と思われたが、どうしても男子の後継者が欲しいという国王ヘンリー8世（在位1509〜1547年）の固執が、大きな混乱を呼ぶこととなった。

もはや妊娠出産を期待できなくなった王妃と離婚して、改めて若い王妃を迎えたい。そう思ったヘンリー8世だが、カトリックでは離婚が禁止されているため事は簡単ではなかった。教皇にお願いして、先の結婚が無効とのお墨付きを得ればよいのだが、時の王妃はハプスブルク家の出身で、時のローマはハプスブルク家の重圧下にあり、同家の意向に反する言動は一切できない状況にあった。

すでに愛人の妊娠が確認されていたから時間がない。私生児では後継者にできないから、何としても出産までに解決を図る必要があった。教皇の許可が得られないとあっては、もはやヘンリー8世に残された方策はカトリックから離脱して、独自の宗派を立ち上げるしかなかった。

かくして生まれたのが英国国教会だが、その中身は教皇の座にヘンリー8世が横滑りして、司教を彼に忠実な者へと代え、教会や修道院の所領を王家が没収しただけで、儀礼や教えの面では何ら変化がなかった。

急進的なプロテスタント化が進められたのは次のエドワード6世（在位1547～1553年）の代だが、そのまた次のメアリー1世（在位1553～1558年）の代にはカトリックへの回帰が図られた。メアリーはヘンリー8世の最初の王妃であったスペイン女性から生まれ、スペイン人に囲まれて育ち、スペイン王子フェリペ（のちのフェリペ2世）と結婚したこともあって、カトリックへの執着が強く、「ブラッディ・メアリー（血のメアリー）」と呼ばれるほどの血の粛清を実施した。

メアリーが出産することなく他界したため、エリザベス1世に王位が巡ってきたのだが、彼女にとってどのような宗教政策をとるかは大きな悩みどころで、それは外交問題にも内政問題にも直結していた。

当時の西ヨーロッパで最強の軍事力を有していたのはカトリックを奉じるスペインで、フランスがそれに次いだ。そのフランスでは宗教戦争が断続的に続き、スペインもプロテスタントの多いオランダの独立戦争に手を焼いている。大ブリテン島の中でもスコットランドではプロテスタントの改革派が長老派の名のもと浸透しており、イングランド国内にはカトリックを支持する者もいれば、急進的なプロテスタント、穏健なプロテスタントもいる。つまり、エリザベス1世がどのような宗

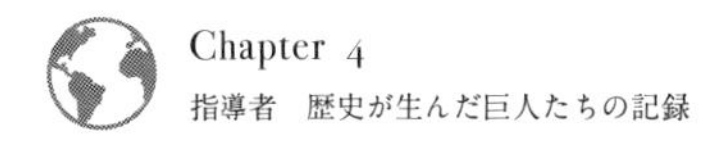

教政策を打ち出すかで、大なり小なり内外に影響の出ることは避けられなかった。

難局中の難局である。エリザベス個人としては、やや保守的ながら明らかにプロテスタントに傾いていたが、王位についたからは、現実に即した行動をとらなければならない。さんざん悩んだ挙句、彼女が導き出した結論はカトリックと穏健なプロテスタントを煙に巻く中道路線だった。

具体的には、まず即位の翌年に国王至上法と礼拝統一法を成立させる。同名の法はヘンリー8世のときにも成立していたが、ヘンリーの国王至上法では国王を教会の「首長」としていたのに対し、エリザベスのそれでは「統治者」とするというように、国王の宗教的立ち位置が曖昧にされた。いっぽう、新たな礼拝統一法では前のものよりカトリック色が強められた。

さらに極めつけは、1563年に制定された39カ条の信仰箇条で、聖餐に関する規定など、カトリックには到底受け入れられない内容は伏せられ、公表が先延ばしにされた。狡いやり方のように思えるが、結果としてエリザベス1世の選んだ宗教政策は正解で、当面の安定を得たことで、イングランドは単独でスペインに対抗しうる国家へと成長を遂げるのだった。

▼「君主は国家第一の下僕」として国力滋養に尽くす▲

◆大国への扉を開けたフリードリヒ2世

ドイツというのは不思議な国である。結局は1871年にプロイセンの主導により統一がなされるが、それまでに統一国家としての経験はなく、プロイセンにしてもそれより200年前には取るに足らない勢力と見なされていた。ドイツというのは神聖ローマ帝国とイコールに近い関係にありながら、漠然とした地名にすぎず、国王の座は4人の世俗諸侯と3人の大司教の投票により決められることになっていたが、15世紀以来、ウィーンを本拠地とするハプスブルク家により事実上世襲されていた。なおかつ非常時を除いては、ドイツ王の命令はその時々の王家の直轄領にしか及ばないなど、著しく制限されており、ドイツ人という概念も19世紀に至るまで存在しなかった。

プロイセンはドイツ宗教騎士団の流れを汲む国家で、方言の違いこそあれ、その君主も民もドイツ語を日常語とした。実力さえ備われば、ハプスブルク家に対抗する勢力になれるはずと信じ、努力の甲斐あって、1701年にはようやく侯国から王国に昇格するが——。プロイセンにしてみれば、それは一つの過程にすぎなかった。

英雄が時代をつくるのではなく、時代が英雄を要求するのか、プロイセン王家には富国強兵の国策に適する人材が続出した。ブランデンブルク選帝侯フリードリヒ３世改め、プロイセン国王１世（在位１７０１〜１７１３年）然り、軍人王の異名をとったフリードリヒ・ヴィルヘルム１世（在位１７１３〜１７４０年）然り、そしてまた大王の尊称を贈られたフリードリヒ２世（在位１７４０〜１７８６年）然りである。

フリードリヒ２世にとって一番の急務は兵力の増強であり、そのためには人口と農産物の収穫量を飛躍的に増やす必要があった。そのために国策として周辺諸侯国の農民にプロイセンへの移住を奨励したのだが、そこでまた新たな問題に直面する。高緯度にある寒冷な土地では、旧来の作物では雑穀しか育たず、食糧の絶対的な不足が解消できなかったのである。

しかし、そこでへこたれるフリードリヒ２世ではない。彼はドイツ西部で普及しつつあったジャガイモ栽培に光明を見出し、耕地の拡大、農業技術の改良と新作物の栽培、農業労働者の確保の三本柱からなる政策を高らかに掲げ、強力に推進することを決意した。

ジャガイモ栽培は先王も奨励していたが、気味が悪いと敬遠され、ほとんど普及していなかった。奨励では手ぬるいと考えたフリードリヒ２世は１７５６年に全国のすべての役人宛てに、「ジャガイモ令」と通称される命令を発布した。それは種イモの無料配給と栽培方法の指導に加え、ジャガイモ栽培のメリットやジャガイモの栄養価について懇切丁寧に説明するよう命じるにとどまらず、植え付けから収穫までの作業を厳しく監視せよという、事実上の強制に他ならなかった。

強制という言葉には悪い響きが伴うが、プロイセンのジャガイモ栽培に関しては、強制が吉と出た。そのことは、現在のドイツ料理にジャガイモが欠かせない事実からも明らかだろう。

フリードリヒ2世の改革は功を奏し、彼が即位したときには8万人であった兵力が1753年には13万5000人に達していた。それが総人口や農業生産量に比例した数字とすれば、わずか13年で1・7倍弱の増加である。

フリードリヒ2世にはオーストリア継承戦争を仕掛けたことで戦争屋のイメージがつきまとうが、王太子時代には寛容と人間性、兄弟愛を目的とするフリーメーソンに入会して、即位後も信仰の自由を認める宗教寛容令を出すなど、いかにも啓蒙専制君主らしい言動が数々見られた。戦略の大家にして芸術愛好家という風変わりな人物。ジャガイモ栽培の強制は富国強兵のためだとはいえ、民を慈しむ心も働いていたように思えてならない。

疑心暗鬼で誰も信じなかった孤独の皇帝

◆貧農から成り上がった朱元璋

明王朝を創始した太祖洪武帝。本名は朱元璋（しゅげんしょう）。現在の安徽（あんき）省の生まれで、実家は貧農だった。口減らしのため寺院に預けられるが、そこでも食べるに困り、各自托鉢と言いながら、その実、物乞いをして生き延びることを強いられた。

時はモンゴルによる元王朝の末期、黄河以南の各地で反乱が勃発。群雄割拠の様相を呈するなか、朱元璋も一つの武装集団に身を投じたのをきっかけにたちまち頭角を現し、いつしか群雄の一人にのしあがると、並みいる群雄を平らげた上、元王朝を華北から駆逐し、全国平定に成功した。

明王朝の太祖となった朱元璋は育った環境からか、役人の不正や江南の地主層横暴を憎むこと甚だしく、建国の功臣たちにもいつ裏切るとも知れないと、警戒の念を怠らなかった。

元王朝を揺るがす紅巾（こうきん）の乱が起きたのが１３５１年のことで、朱元璋が反乱軍に身を投じたのがその翌年、帝位についたのが１３６８年で、全国平定を成し遂げたのは１３７１年のことだった。

いよいよ内政の整備が本格化したわけだが、それは粛清の開始でもあった。最初に起きたのは１

３７６年の空印（くういん）の案である。「案」とは事件の意で、「空印」とは地方長官の印鑑を白紙に捺すことを言う。胥吏（下級役人）が中央の戸部（こぶ）（大蔵省）に収支報告を行なう際、戸部に間違いを指摘されたら、書類を改めて作成しなければならない。もう一度地方長官の印鑑をもらうのに帰郷するのは面倒なので、あらかじめ空印を用意しておくのが慣例化していたが、太祖はそれを不正の温床として咎め、有無を言わさず断罪したのである。処刑や左遷された者も多く、この一件ですげ替えられた地方長官や胥吏の数は合わせて数千人にも及び、その大半は江南出身者だった。

次なる粛清劇が起きたのは１３８０年のことで、謀反の首謀者とされた人物の名を取って胡惟庸（こいよう）の獄と呼ばれる。胡惟庸は現在の内閣に相当する中書省の丞相（宰相）で、御史台（検察庁長官）の陳寧ともども空印の案の陣頭指揮をとり、並ぶ者なき権勢を誇っていたが、それが突然謀反の疑いで逮捕され、すべての罪を自白してまもなく処刑されたのである。この事件に連座して処刑された者の数は1万５０００人にも及んだ。胡惟庸の獄はそれだけでは終わらず、中書省の廃止とその下部機関であった戸部・礼部・兵部・刑部・工部の六つの官庁（六部）の皇帝への直属化へとつながり、軍隊での同様の改革とあわせ、すべての最終決定権が皇帝の手中に一元化される、皇帝独裁体制が築かれることとなった。

次なる粛清は１３８５年の郭桓（かくかん）の案である。戸部尚書（大蔵大臣）を務める郭桓の不正発覚に端を発したもので、六部の官僚をはじめ、地方官から一般民衆までをも巻き込み、連座処刑された者の数は数万人にも及んだ。

一連の粛清では建国の功臣たちも安泰とはいかず、初代の丞相を務めた李善長は自殺を強いられ、一族70余人も残らず誅殺。同じく徐達も腫れ物ができて床に伏していたところ、太祖から腫れ物にとって最大の毒とされる鵞鳥を贈られ、涙を流しながらそれを食べて憤死を遂げた。

1392年に皇太子の朱標が病死すると、粛清劇はさらに激しさを増し、その翌年の藍玉（らんぎょく）の案では、軍功著しい藍玉とその一党とされた高官、官僚、地主ら1万5000人が処刑された。

郭桓の案以降の粛清で実行部隊となったのは1382年に組織された錦衣衛という皇帝直属の特務機関で、彼らに目をつけられたら最後、その拷問に耐えられる者はなく、誰もが言われるまま自白するしかなかった。

粛清の対象は官職に就いている者に限らず、文字の獄では在野のインテリもが犠牲となった。タブーとされたのは「光」「禿」など僧侶を暗示する文字、「僧」と同じ発音の「生」、紅巾軍を意味する「賊」に似た発音「則」などで、おかげで友人間の手紙のやりとりでさえ注意を払わねばならなくなった。

一連の粛清で綱紀粛正と皇帝独裁体制の強化が図れたかは大いに疑問だった。太祖は皇太孫に帝位を継承させるのだが、太祖が崩御したとき、次期皇帝を補佐すべき功臣は一人もおらず、太祖が皇太孫の藩屏として期待した次男以下の諸王はそれぞれ異心を抱く有り様で、太祖のやったことはことごとく裏目に出たのだった。

▼冷戦の間で生まれた悪夢のユートピアを築く▲

◆理想を追い求めて国を疲弊させたポル・ポト

わずか3年7カ月の間に国民の4～5人に1人の命を奪う。そんな狂気の沙汰がひと昔前、実際に行なわれた。場所は東南アジアのカンボジア、殺戮の主は共産主義武装組織クメール・ルージュを指揮するポル・ポトだった。

カンボジアはベトナムに隣接する関係上、ベトナム戦争（第二次インドシナ戦争。1965～1973年）と無縁ではいられず、戦火が国内にまで及んだ。混乱が続く中、国家元首シアヌークの外遊中に右派軍人で親米派のロン・ノルがクーデターを起こし、政権を掌握するが、アメリカに全面依存した政権だったがゆえに、アメリカ軍の完全撤退とともに命運が尽きる。

1975年4月、ロン・ノル政権に代わって首都プノンペンに入城したのがクメール・ルージュ

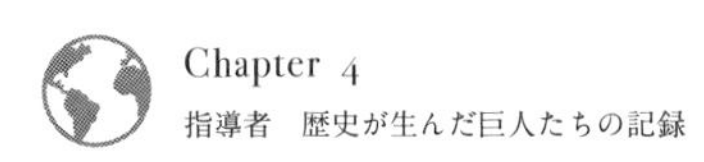

で、それを指導していたのがポル・ポトだった。

ポル・ポトは多くの点で中国の毛沢東を手本とし、その手法に倣った。先に農村部を制圧してから都市部の攻略にかかる手法から、反革命分子を粛清するやり方まで――。

ポル・ポトが反革命分子と定義したのは、ロン・ノル政権関係者や旧軍人、資本家、地主にとどまらず、都市部の住民とインテリまで含まれていた。貧富の差に関係なく、都市部を革命の敵が集住した「悪の巣窟」と決めつけ、断固壊滅させるべき対象としたのである。

全国民を農民、労働者として生産に邁進させる。そう言われれば若干聞こえはいいが、その意図するところは農業の集団化にあり、都市部の住民は農場に指定された場所まで徒歩での移動を強制された。短い者でも一週間、長い者は一カ月以上もジャングルの中を歩かされ、その間に飢えや疲労、虐待により多くの命が失われた。

目的地に着いたら着いたで、そこでの生活は地獄の日々だった。思想的に問題ありとされれば何らかの処罰を避けられず、処刑されることも珍しくなかった。

たとえ思想検査を通り抜けても心安らぐことはなかった。反革命に走らぬよう、日常が常に監視されていたことはもちろん、中国で失敗に帰した農業集団化に励まねばならなかったからだ。たしかに、小農が多数いるより、広大な国有地を集団活用するほうが効率は良い。だが、それは理論上にすぎず、働き具合に関係なく報酬がいっしょとあっては、労働意欲の減退は避けられず、その結果は作物の品質低下と収穫量の激減というかたちで如実に表われた。後に待つのは絶対的な食糧不足と絶望的なまでの飢餓状態で、救荒作物の栽培など、許可なき労働が禁じられていたことが被害を拡大させた。上意下達はあっても、その逆は許されない硬直化した組織では、悲惨な末路が予測されても、ただ傍観するしかないと言う愚かな現実だった。

結果として、農業の集団化は都市部住民の粛清であり、虐殺でもあった。しかし、ポル・ポト政権の狂気はこれで終わらず、中国の文化大革命で共産党幹部が多数吊しあげになったのと同じく、カンボジアでも政権内部での粛清劇が展開された。

軍参謀次長のチャン・チャクレイや情報相のフーニムなど高級幹部の多くが芋づる式に逮捕された。外交官やインテリとその家族も同様の目に遇い、自白と密告以外にろくな証拠もないまま処刑された者の数は10万人にも及んだ。

その間にも全国的規模で、それ自体が目的と化したかのような10万人単位の強制移住が繰り返されていた。それと同時に山岳少数民族や中国人、ベトナム人にも攻撃の矛先が向けられるに及び、とうとうベトナム軍の本格的な介入を招き、ポル・ポト政権はプノンペンを追われた。基本的にベトナム人をよく思っていないカンボジア人もこのときばかりは、複雑な面持ちで隣国の軍隊を迎えたのだった。

▼ヴェルサイユ体制打破で熱狂的支持を獲得

◆負のベクトルを上昇気流に変えたヒトラー

大量虐殺と聞けば、誰もがアドルフ・ヒトラーの名を真っ先に浮かべるに違いない。ユダヤ人だけで600万人もの命を奪ったホロコーストの惨劇は人類史上でも桁外れの蛮行だった。

ヒトラーが極端な反ユダヤ主義に走った根本の原因は定かでないが、それが時代の一潮流であったのは間違いない。国民国家や民族国家をあるべき姿とする近代ナショナリズムは、そのある段階において排除すべき他者を必要とする。スケープゴートをつくることによって一体感を高めるわけで、当時のドイツではユダヤ人以外に該当する対象はなかった。だからこそ、第一次世界大戦の敗因をユダヤ人の陰謀とする虚構が多くの人びとに受け入れられ、極右政党が雨後の筍のように生まれたのだった。

そんな極右政党の一つに加入したヒトラーが瞬く間に頭角を現わし、指導者となることができたのは、大衆を扇動することのできる弁舌能力と非妥協的な行動力にあった。

しかし、当初のヒトラーの弁舌能力は極右を熱狂させることはできたが、大衆の心をつかむまでには至らず、それを自覚していたヒトラーは密かにプロの声楽家を家庭教師として雇い、大衆を魅了させる声の発し方やタイミングをしっかり習得することに励んだ。長らく秘匿されていたこの事実は近年、当の家庭教師の死後、遺品を整理していた息子の手で日記が発見されたことにより、その詳細が明らかにされた。

いっぽうの非妥協的な行動力は選挙活動に際して行使された。他の政党の選挙活動を暴力でもって妨害する。一歩間違えば違法とされかねないギリギリの活動を敢えて行なわせる。その大胆さが、危機的状態にあるドイツに不可欠な人物という思いを多くの人びとに抱かせもしたのだった。

ヒトラー率いるナチ党の最大のライバルは共産党だったが、1933年3月には前月に起きた帝国議会放火事件の罪を押し付けることで、共産党を非合法化に追い込んだ。このあたりの手法はもはや行動的という範疇を超えている。

その翌年にはヒンデンブルク大統領の死去に伴い、ヒトラーが首相となるが、ヒトラーはそれだけでは飽き足らず、国民投票により大統領と首相を一元化し、総統という職を新設。みずから初代総統となり、国家の全権を完全に手中にした。

同年初めに議会はすでに廃止となり、もはや国政選挙も地方議会選挙も実施されないことになっていたが、ヒトラーはそれでも大衆の支持を維持すべく、公約の実現を推し進めた。失業率をゼロにするというのがその最たるものである。

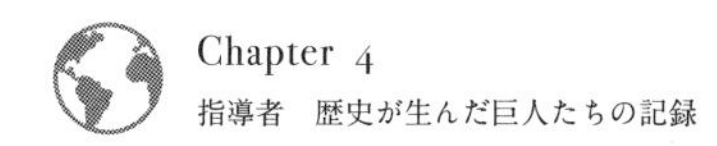

第一次大戦後のドイツの失業率は常に二桁。それをヒトラーが短期間で限りなくゼロに近づけたことは事実で、これには国際社会も驚嘆した。けれども、内実を見れば、あまり褒められたものではなかった。

失業率の低下は公共事業の拡大に加え、女性とユダヤ人の職場からの追放、8時間労働を4時間労働にして雇用の倍増を図るワークシェアリング、機械から手作業への回帰といった、かなり無理のある政策によるもので、もし大戦の勃発がなければ、早晩破綻を避けられない内容だった。

いっぽうでヒトラーは平均的家庭でも自動車を購入できるよう、ダイムラー社の自動車製造技師フェルディナント・ポルシェに安価な自動車の製造を委託したが、それは無償の強制労働を伴わなくしては実現不可能であった。そのため強制労働の事実は現在でもドイツ自動車産業の負の遺産として語り継がれている。

総統になってからのヒトラーを批判することは、もはやドイツ国内では不可能になっていた。重大な政策もすべてヒトラーと数人の幹部だけで決められ、道理は通用せず、すべてがヒトラーの思想とひらめきに左右される状態となったのだった。

▼大躍進政策の失敗で失脚するも虎視眈々▲

◆復権により国力を落とした毛沢東

1981年6月に開催された中国共産党十一期六中全会において「歴史決議」の略称で知られる「建国以来の党の歴史問題に関する決議」が審議・採択された。決議の重点は文化大革命（1966〜1976年）と毛沢東に対する評価に置かれ、前者に関しては、「毛主席が呼びかけ指導したものであるが、……完全な誤りで……事実に基づけばいかなる意味においても革命とか社会進歩ではなく、またありえなかった」と極めて厳しく断定しながら、毛沢東個人に関しては「文革で重大な誤りを犯したとはいえ、彼の一生をみれば功績が第一で誤りが第二」「毛沢東思想は活力ある生命力をもっており、……わが党の貴い財産である」という玉虫色の位置づけがなされた。誤りはあったが、功績の方が大きいということである。

毛沢東は中国共産党創立メンバーの一人であるが、最初からトップにいたわけではなかった。ソ連共産党の中国支部という色彩が濃厚であったことから、ソ連留学経験者の発言力が大きかったのである。

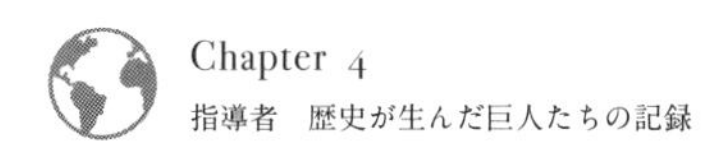

ソ連の言いなりではなく、中国の実情に即したやり方でと説く毛沢東が党中枢の実権を握ったのは中国国民党との内戦（国共内戦）の最中、長征と呼ばれる長い敗走の途中であった。ようやくたどり着いた新本拠地は陝西省北部の延安で、毛沢東は早くもそこで、反対派に対する粛清を行ない、独裁者としての片鱗を見せている。

抗日戦争と国共内戦に勝利し、中華人民共和国を成立させた毛沢東は小作農の解放に加え、英国とのアヘン戦争（１８４０〜１８４２年）以来、列強に譲歩を強いられるばかりだった負の歴史に終止符を打ったというので、半ば神格化されることとなった。

だが、毛沢東は革命家としては優秀でも、政治家としては失格で、無謀な計画を立てて大失敗をやらかす。15年で英国を追い抜いて見せると啖呵を切り、あまりにも高い目標数値を掲げ、その実現のために全国民を動員したのである。

大躍進と呼ばれる政策がそれで、結果はどうかと言えば、確かに目標の数値はクリアしたが、それは内実を伴わないものだった。鉄鋼生産では世界一になったが、できたのは何の使用にも堪えない屑鉄ばかりで、農民たちもがそれに動員されたことから農作業が放置され、深刻な食糧不足を招くことにもなった。

農業生産にも高い目標が掲げられていたが、地方の幹部がこぞって毛沢東の歓心を得ようと偽りの報告をし、毛沢東もそれを信じて疑わなかったことから、事態はさらに悪化。少なくとも２００

0万人の餓死者が出る惨状となった。

毛沢東はその責任を取るかたちでトップの座から退くが、代わってトップになった劉少奇が部分的とはいえ資本主義原理を導入すると、革命が台なしになるとして奪権に向けて動き出した。このとき毛沢東が目をつけたのは、「紅五類」と呼ばれる若者たちだった。それは革命幹部、革命軍人、革命遺族、労働者、貧農家庭の子女からなり、建国後の急激な人口増加の煽りを受け、その多くが定職につけずにいた。毛沢東への個人崇拝が強く、かつ不満のはけ口を求める彼らは喜び勇んで毛沢東の呼びかけに応じ、紅衛兵（こうえいへい）の名のもと劉少奇政権の打倒に動き出した。文化大革命の始まりである。

攻撃対象は劉少奇の進める調整政策の支持者にとどまらず、「黒五類（くろごるい）」と呼ばれた旧地主、旧富農、反動分子、悪質分子、右派分子、さらには野党党員、学者、教員、作家、芸術家にまで及んだ。

これにより毛沢東の復権は成功したが、その代償は大きく、政治、経済、教育、文化など、軍事を除くあらゆる分野が麻痺状態に陥り、中国は再び病める大国と化してしまった。人的被害も大きかったが、それ以上に深刻だったのは教育の空白で、中国政府はそれを埋めるのに数十年の歳月をかけねばならなかった。

Chapter 5

宗教

安らかな心の拠り所か、
争いを生む元凶なのか

どうして宗教が原因で戦争が起こるのか
心の救済か、紛争の種なのか

場所がどこであろうと、宗教が自然崇拝から始まることに変わりはない。精霊崇拝やアニミズムはほぼ同じ意味と考えてよく、天や山河、あらゆる動植物に神ないしは精霊が宿ると信じられていたのだ。古代ギリシアの信仰はその延長線上にあるもので、最高神のゼウスは雷、ポセイドンは海、アポロンは音楽を神格化した存在だった。同じことは日本神話にもあてはまり、最高神のアマテラスは太陽、スサノオは嵐、武神のタケミカヅチは剣を神格化した存在だった。

このような信仰がどのような過程を経て一神教や多神教に変わったのか。

多神教ではそれぞれの神の役割分担がなされているから、自然崇拝の延長線

拡大する宗教の対立

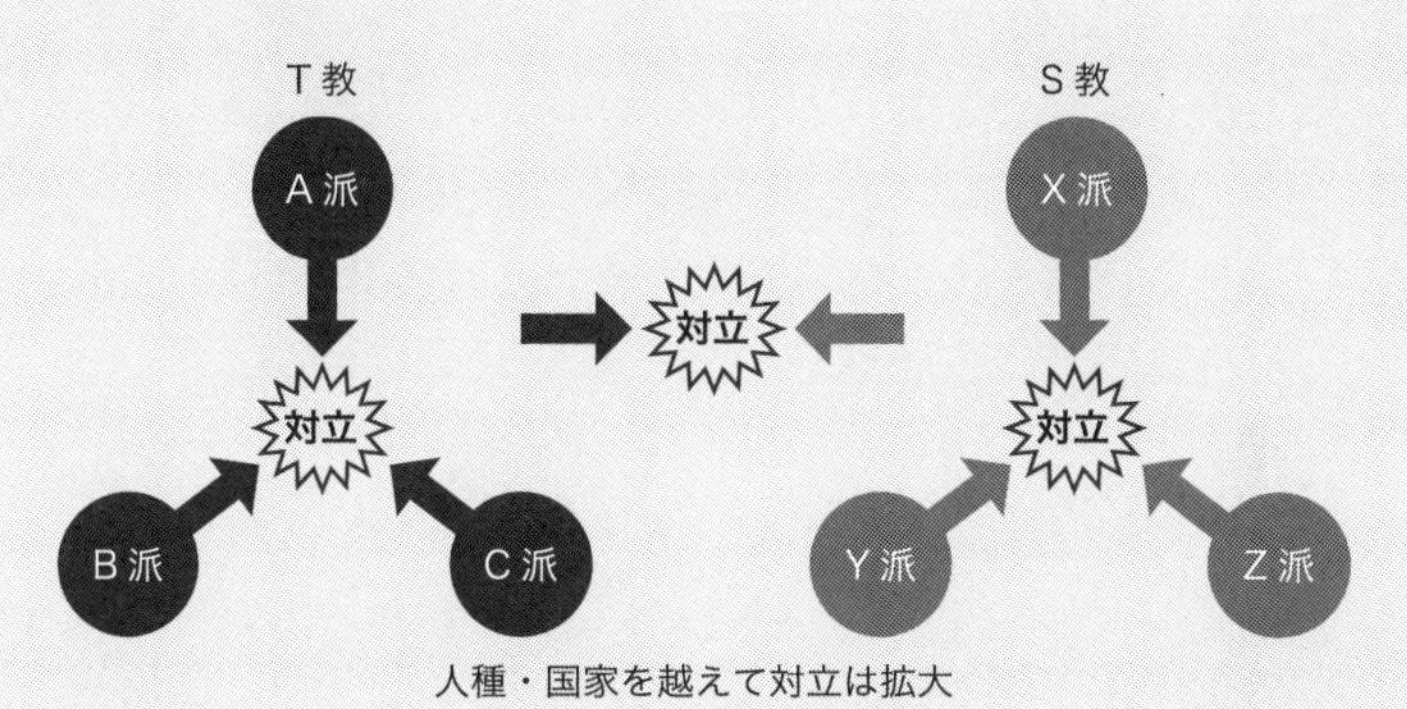

上にあると理解できるが、一神教のほうはなかなか手強い。

一神教の存在自体はまだしも、それが世界の大勢を占める現状は、宗教という範疇だけでは説明し切れない部分がある。キリスト教が南北アメリカ大陸とオセアニアにも多くの信者を抱えている状況は大航海時代以来の征服および植民地支配と無関係でないが、現在のパレスチナで誕生したキリスト教がローマ帝国に広まり、国教化されるまでの道のりには不可解な部分が多く、それについては後述を参照してほしい。

同じく一神教のイスラームの場合、征服活動と商業活動の二つが連動していた。改宗は征服と時を同じくして起きたのではなく、数百年の歳月をかけながらゆっくりと進んだ。そこには異教徒に課せられる人頭税の問題と商売をする上での利害が絡んでいた。東南アジアの場合、相手と同じ宗教に改宗したほうがスムーズに事が運ぶという現世利益が大きな決め手となっていた。

多神教の代表格は南アジアのヒンドゥー教と中国の道教で、それに仏教を加えてもよいだろう。仏教ではブッダを神より上位に位置づけているが、そこで言う神は実体に乏しく、菩薩や如来などブッダの様々な姿こそがそれぞれ別個の神を表しているとみなすべきで、ブッダを護る四天王や十六神将についても同じことが言える。

異なる宗教や宗派が共存するのは不可能なことなのか。しばしば発せられるこの類の問いに明確な答えを出すことは難しい。どの宗教・宗派にも存在する過激分子の存在が大きな障害となっているからだ。そこには教義の優劣を競う様子はまったく見られず、異質な相手を排除する論理しか働いていないからで、もはや信仰上の問題ではなく、世俗的な縄張り争いにしか見えない一面もある。

ともあれ、世界史を語る上で宗教は欠かせない要素である。様々な宗教・宗派を抱えた歴代の大国はどのようにして秩序の維持に努めたのか。それを具体的に見ていくことは、現在を生きるわれわれにも非常に有意義なことである。なかには反面教師もあるだろうが、それまた大事な思考材料であることに変わりはない。

宗教上のタブーに寛容な日本

◆神仏習合という知恵

日本人は宗教に無頓着と言われることが多い。クリスマスイブを楽しみ、キリスト教式結婚式を好みながら、葬儀は仏式がメイン。初詣には寺院にも神社にも行くし、普段の願い事に関しても同様である。よく言えば寛容、悪く言えばいい加減。それが戦後の日本人の特徴だが、さかのぼれば明治維新前の日本では神道と仏教を分けることのない神仏習合が受け継がれていた。それが日本人としてのアイデンティティを育んだ側面もあり、決して軽視してはならないことでもある。

日本への仏教の公伝は、『日本書紀』には欽明天皇の13年（552年）、『元興寺伽藍縁起』や『上宮聖徳法王帝説』には宣化天皇の3年（538年）とある。どちらが史実であるにせよ、朝鮮半島の百済から伝えられたという点は一致している。その後、崇仏派の蘇我氏と排仏派の物部氏の間で激しい崇仏論争があったと『日本書紀』には記されているが、日本古代史を専門とする水谷千秋氏のように、それが史実を反映しているどうかに疑問符を投げかける研究者もいる。

それはともかく、仏教は受け入れられ、神道を駆逐することなく、うまく融合していく。神仏習合と呼ばれる状態になるのだが、それを理論的に補強したのが本地垂迹説だった。仏や菩薩が衆生を救うために、仮に日本の神々の姿になって現れたとする考えがそれで、八幡神を八幡大菩薩とも称するのはその一例である。

平安時代には神社の中に神宮寺が設けられることもあれば、特定の寺院と神社が対の関係になることもあり、奈良の春日大社と興福寺、近江の比叡山延暦寺と日吉大社の関係などがそれにあたる。延暦寺の僧兵が日吉大社の神輿を担いでたびたび強訴に及んだのも神仏習合が定着したからこその現象だった。

神仏習合がさしたる抵抗も受けずスムーズに運んだ理由として、心理学者の河合隼雄氏などは根底の部分で仏教と神道に共通する要素があったからとしているが、それに加えて、穢れに関する概念を除けば、神道にこれといった教義のなかったことも関係するに違いない。

仏教では人としてやってはならないこと、なすべきことが明示され、それは日本人の思考や行動規範に深い影響を及ぼすこととなった。

また神社建築の開始時期ははっきりしないが、寺院建築に触発された可能性は高い。もともと磐座や磐境、神籬などと言って、山中深くにある巨岩や巨木を神の依り代としてきた神道には常設の建物は存在しなかったが、いつしか鳥居や拝殿、本殿などを設けるようになったのは寺院の影響と考えるのが自然で、日本最古の神社建築は不明ながら、神道発祥の地にして日本最古の神社は長崎県壱岐島の月読（つくよみ）神社だと言われている。『日本書紀』の顕宗天皇3年（487年）の条に、月の神の託宣に従い、山城国葛野郡にその分霊を迎えたとの記事があるのがその根拠で、このとき京都に創建されたのが現在の松尾大社である。

何はともあれ、神仏習合は幕末まで持続され、1868年の神仏分離令により引き離されるまで、自明のものとして受け入れられてきた。神仏分離令に伴う廃仏毀釈によって、日本中にあるほとんどの神像が破壊されたのは文化的に大きな損失であった。

けれども、神仏分離は精神世界にまでは及ばず、現在の日本人の中にも神仏を混然一体とする考えは脈々と受け継がれている。

▼大統領選で存在感を示したキリスト教原理主義▲

◆宗教離れの欧州とのめり込むアメリカ

アメリカ合衆国が「自由の国」の旗手、権利が重んじられる国というイメージはトランプ政権の誕生とともに見事に崩れ去った。それどころか、宗教右派ともキリスト教右派とも呼ばれる存在までもがにわかに脚光を浴びるようになった。それまではメディアもできるだけ言及を避け、大統領選挙のときだけ報じてきたその存在が、アメリカの宗教に関心の薄い一般の日本人にもはっきりと意識されるようになったのである。

そもそも北米大陸への初期の移住者には、理想郷の建設や信教の自由を求めるピューリタンが多かった。英国国教会の中途半端なあり方や王政復古後の反動を嫌い、半ば政治難民・宗教難民として渡米する者が多くいたのである。

けれども、ピューリタンも一枚岩ではなく、信者たちは宗派の下の単位であるいくつもの教派からなっていた。そのため合衆国憲法を起草するにあたっては、全構成員がプロテスタント急進派のピューリタンであるという暗黙の前提のもと、信教の自由や政教分離の原則が盛り込まれたのだった。

特定の宗派・教派を国教にすれば宗教戦争が避けられないとする、ヨーロッパにおける前例を踏まえての判断だったが、それは日本で言う政教分離とは異なり、公的機関が特定の宗派・教派を特別扱いすることを禁じるもので、宗教者による政治的発言や政治家による宗教的発言を禁じるものではなかった。だからこそ、大統領の就任式で「神」という言葉が連呼され、小学校で国旗掲揚時に唱えられる「国旗への忠誠の誓い」に際し、アメリカを「神の下」にあるとすることも問題視されないのである。

われわれは、とかく「欧米」という言葉を使いがちだが、実のところ宗教に関しては、ヨーロッパとアメリカで大きく事情が異なる。ヨーロッパ全体で宗教離れが進行しているのとは対照的に、アメリカでは周期的に信仰復興運動が起こり、先進国の中では異色の存在と化している。

その過程において、どの教派に属するかに関係なく、聖書の一字一句をすべて史実と受け取り、ダーウィンの進化論を断固拒絶する人びとは福音派と呼ばれるようになった。その数は時代が下るにつれて増え続け、現在ではアメリカ国民の4人に1人が福音派とされる。そのなかでも教育の分野から進化論を締め出そうとする者は原理主義者、政治的手段に訴えるようになった者は宗教右派と呼ばれている。彼らは長らく政治とは距離を置き、サイレント・マジョリティーと呼ばれていたが、共和党のレーガン政権（1981〜1987年）あたりから、草の根やティー・パーティーなどの活動を通じて、選挙の際には共和党の保守派に投票する傾向が強まった。宗教票が無視できなくなったのである。

福音派が掲げるのは中絶と同性婚の禁止、パレスチナ問題におけるイスラエルへの全面的支持、日曜礼拝の奨励などで、大統領候補を選ぶに際しての決定的要素となっている。

多くの日本人がこれまでアメリカの宗教性に気付かずにいたのは、ワシントンやニューヨーク、カリフォルニア、ロサンゼルスといった民主党の地盤にしか目を向けていなかったからで、仕事や観光で訪米経験豊富な人にも同じことが言える。アメリカの中西部から南東部にかけて福音派が多数派を占めるバイブル・ベルトと呼ばれる地域が広がるが、そういうところに目を向けることをしてこなかったために、日本国外務省の役人でさえ大統領選挙の予測を誤ったのだった。宗教がすべてでないにしろ、アメリカに備わる宗教性にもっと早く気付くべきだったのである。

▼キリスト教への驚異から生まれたイスラム過激派▲

◆世俗化と西洋化への反発

イスラム原理主義。イスラム過激派。メディアでの呼称は不揃いだが、専門の研究者のあいだでは、イスラームの原点に立ち返ることを掲げる人びとをイスラーム主義者、ジハード（聖戦）の名のもとで無差別テロをも辞さない人びとをイスラーム過激派と呼ぶことが定着している。

イスラーム主義が生まれた背景には、イスラーム世界がヨーロッパ・キリスト教世界の脅威から餌食へと転じてのち、長い低迷状態から抜け出せずにいる状況がある。植民地や半植民地状態から

は抜け出しながら、低迷状態は変わらず、西洋に倣った近代化を推し進めても、一定の効果をあげながら、むしろ貧富の差の拡大と風紀の乱れが目立っている。

社会主義の名のもとの独裁政治をはじめとして、民族ナショナリズムや国家ナショナリズムも試みてみたが、いずれも期待したほどの成果を挙げられず、絶望に打ちひしがれた人びとが次に走ったのが、急進的な近代化かイスラームへの回帰という両極端の思考だった。

後者の傾向は歴史上何度も見られたが、現在につながるそれの起源は18世紀のアラビア半島に始まる急進的なイスラーム改革思想にあった。その思想は提唱者ムハンマド・イブン・アブドゥルワッハーブの名を取って、ワッハーブ運動と呼ばれる。

これが単なる思想闘争に終わらなかったのは、現在のサウジアラビア王家の出身母体であるサウード家と提携したからで、サウード家が君臨するサウジアラビアもその強い影響下にある。

イスラーム主義を語る上でもう一人欠かせない人物がいる。それは19世紀末に東奔西走の活躍を見せたイラン出身の思想家アフガーニーで、彼はイスラーム社会内部の改革と同時にイスラーム世界全体の連帯を説き、何をしてよいかわからずにいた人びとに指標を示した。

アフガーニーの教えはエジプト出身の愛弟子ムハンマド・アブドゥ、ついでレバノン出身の孫弟子ムハンマド・ラシード・リダーへと受け継がれ、１９２８年のエジプトにおけるムスリム同胞団の結成へとつながった。

その後、世界恐慌と第二次世界大戦、東西冷戦の影響でしばらく鳴りを潜めるが、1979年に起きたイラン革命とソ連軍のアフガニスタン侵攻がイスラーム主義を世界の表舞台に引き出す役割を果たした。

イラン革命は親米独裁政権を倒し、イスラーム法学者による統治を実現させたもので、ソ連軍のアフガニスタン侵攻は世界中の血気に逸る（はやる）ムスリムをジハードの名のもと結集させるきっかけとなった。超大国ソ連をさんざん苦しめた挙句、完全撤退へと追いやったことで、程度の差こそあれ、世界中のムスリムが自信を取り戻すこととなった。イラン革命もアメリカに苦汁を舐めさせたという点で同じ効果をもたらしたのである。

それ以前から、パレスチナ解放闘争を通じて、イスラーム主義者たちの連帯は進みつつあったが、1979年を境にそれが一気に加速した。

いっぽう、自爆テロ攻撃が常用されるようになったきっかけは1983年のベイルート連続爆弾テロ事件にあった。国際平和維持部隊として駐屯していた米仏両軍の兵舎を対象としたテロがそれで、あわせて300人もの命を奪ったことから、一躍有効な戦術と評価され、現在に至っても実行され続けているのだった。

オサマ・ビン・ラディンが創始したアル・カイダやアフガニスタンのタリバン、パレスチナ・ガザ地区のハマス、レバノンのヒズボラ、フィリピン南部のアブ・サヤフなどはみな同じ系譜につらなるもので、横のつながりもある。資金や武器、訓練の場や潜伏場所の提供など、武闘路線を取るイスラーム主義組織の連帯は強まりこそすれ、弱まることを知らないのが実情である。

▼派閥間の争いに巻き込まれる民衆たち

◆世界史の中の宗教改革

16世紀のカトリック世界で起きた宗教改革はドイツ、スイス、英国でそれぞれ背景を異にする。ここではドイツの場合に限り、その世界史上の影響を解き明かしていこう。

まず、なぜドイツかという点だが、それは英国やフランスとは異なり、絶対王政への道に進むことなく、王権が弱体で、司教の任命権や十分の一税の徴収権を教皇に握られていたことに起因する。ドイツ王と神聖ローマ帝国皇帝を兼ねるハプスブルク家はそれをよしとしていたが、大半の諸侯国は強い不満を抱いていた。「ローマの雌牛」と嘲られていることに我慢がならなかったのである。

同じ頃、グーテンベルクによる活版印刷機の発明により、印刷物の普及が盛んになった。情報が飛躍的に速く、遠くにまで正確に伝わるようになったことで、当事者たちの対応も迅速となり、同じ考えを抱く者同士の連帯も速やかに運ぶようになったのである。

これらの条件がマルティン・ルターの教えを支持するという点でのドイツ諸侯の速やかなる連帯を促したのだが、それだけではまだ不十分だった。ドイツ王にして皇帝でもあるカール5世はカルロス1世の名でスペイン王をも兼ね、ネーデルラントやイタリア半島南半部、シチリア島、サルデーニャ島、ミラノ、チェコ、ハンガリーをも領有するなど強大な軍事力を有していた。そのためプロテスタントに傾いたドイツ諸侯が束になっても、軍事的劣勢は否めなかった。

ちなみに、ルターは教皇庁に歯向かうつもりはなく、金銭で罪が帳消しにできるとする教えに疑問を抱き、純粋に神学上の疑問を提示しただけなのだが、教皇庁が過剰反応を示したことから、ルターとしても引っ込みがつかなくなり、真っ向から対決する事態となったのだった。

またプロテスタントの名は、1529年に開催されたシュパイエル国会において、絶対多数を占めるカトリックが数の力で改革阻止を決議したのに対し、改革推進派が抗議（プロテスタティオ）したことに由来する。

軍事的劣勢の続くプロテスタント諸侯を救ったのは、意外にもイスラームのスンニ派を奉じるオスマン帝国と、ハプスブルク家と同じくカトリックの守護者を自任するフランスのフランソア1世だった。オスマン帝国はバルカン半島で快進撃を続け、たびたびウィーンを脅かしており、フランソア1世はハプスブルク家に異常なまでの対抗心を示し、一時は異教徒国家であるオスマン帝国と同盟を組みさえした。

オスマン帝国軍は1526年のモハーチの戦いでハンガリー軍を撃破。ハンガリー中央部を併合して東部を属国化した上、1529年には第一次ウィーン包囲を行なっている。1538年にはプレヴェザの海戦でヴェネツィアとスペインの連合艦隊を破り、地中海東部の制海権を握るなど、その勢いはとどまるところを知らなかった。

オスマン帝国だけでも難敵だというのに、東西から挟撃されては、いかにハプスブルク家の力をもってしても分が悪い。最悪の事態を避けるためにはプロテスタントの諸侯と早期に和約を結び、ともに外敵に立ち向かう必要があった。

かくして結ばれたのが1555年のアウグスブルクの和議で、劣勢に立たされていたプロテスタントの諸侯にとっても渡りに舟だった。もしオスマン帝国の脅威がなければ彼らの敗北は必至で、そうなればプロテスタントのルター派は殲滅されていたに違いなく、現在のルーテル教会（ルター派教会）も存在しなかったに違いない。このように世界史には、一国単位の歴史では説明し切れない部分が多々存在するのだった。

なぜユダヤ人の迫害は繰り返されるのか？

◆きっかけとなったキリスト教の国教化

ユダヤ人は「離散の民」とも「流浪の民」とも呼ばれることがある。紀元前の昔にはアッシリアと新バビロニアによって強制移住をさせられ、紀元後にはローマ帝国によりエルサレムへの立ち入りを禁止されたからで、以来ユダヤ人の多くは中東やヨーロッパの各地に散らばり、独特の教義を守りながら生活を営むこととなった。

異教徒とは食卓をともにせず、禁止されている食べ物を決して口にすることなく、安息日である土曜日には決して働こうとしないユダヤ人は奇異な集団と目されてはいたが、それだけでは迫害の理由とはならない。

ヨーロッパにおけるユダヤ人に対する迫害は大きく中世と近現代の二期に分かれ、それぞれ理由が異なっていた。

中世の迫害は宗教的な理由に拠る。ローマ帝国がキリスト教を国教にしたのは4世紀末のことだが、社会のすみずみに徹底されるまでには長い年月がかかり、10世紀頃になってようやく実現。その間に教会は読み書きのできない民衆向けに、単純明確な教えを説く傾向があった。ユダヤ人は神に選ばれた民でありながら期待に背き、あまつさえ救世主を殺害したなどである。

その結果は、教会の予想をはるかに超える暴走へとつながった。十字軍の出征に際し、通過する町々でユダヤ人の集団殺戮が行なわれ、大量の無用の血が流されたのである。少なからざる教会が暴挙を止めようとしたが、すべては後の祭りであった。

13世紀になると、教皇庁がユダヤ人迫害の先頭に立つようになり、1215年に開催された第四ラテラノ公会議では、ユダヤ人にひと目でわかる目印の着用を義務づけ、各国君主もそれに倣った。

これら中世の迫害が宗教的理由に拠ったのに対し、近現代のそれは人種的な理由に拠っていた。そもそものきっかけはフランス革命とナポレオン戦争によって流布された国民国家や民族国家といった概念と、傭兵ではなく国民からなる軍隊の圧倒的な強さにあった。それらを一言で示すなら、近代ナショナリズムという言葉にまとめられる。

ナポレオン軍の強さを目の当たりにしたヨーロッパ各国はこぞって近代ナショナリズムを受け入れ、国語の制定などに取り組むが、その過程で浮かび上がってきたのは、ユダヤ人という明らかな他者の存在だった。

悪いことに、これにダーウィンの進化論から派生した社会進化論が絡んで、人種主義という歪んだ概念が生まれた。人種には生まれながら優劣があり、ゲルマン人は優良種だが、ユダヤ人は劣等種に分類される。だから生活圏を別にする必要があるというので、ユダヤ人をゲットーという隔離された地区に集住させる国や都市が現れたのである。

ユダヤ人を国民の不満を発散させるスケープゴートとして利用するところも現れ、19世紀末から20世紀初頭のロシアでは、ポグロムというユダヤ人に対する組織的な暴行や殺戮が横行するようになった。

このような近現代におけるユダヤ人迫害の行き着いたところが、ナチス・ドイツによるホロコーストだった。この世から抹殺すべき対象として、精神障碍者やジプシー（現在のロマ）、スラブ系民族などが標的とされたのだが、なかでも一番のターゲットとされたのがユダヤ人だった。その数およそ600万人。

ホロコーストの犠牲者が多くなった理由としてはヒトラーが、キリスト教に改宗してユダヤ人としてのアイデンティティを当に喪失していたユダヤ系住民をもユダヤ人に数えたからで、改宗してから数世代をも経た家庭では、自分がユダヤ人の後裔であるとも知らず、なぜこんな目に遭わねばならないのか理解できない者も少なくなかった。

だが、あくまでも人種主義の立場を取るヒトラーにしてみれば改宗も同化も意味はなく、先祖に一人でもユダヤ人がいれば、粛清すべき存在なのであった。

▼寛容と不寛容の中国人の宗教観▲

◆三教合一――混ざり合う仏教と道教

中国には道教という民族宗教がある。老子や荘子の老荘思想（黄老思想）と易、陰陽五行説、神仙思想、風水などを混合させたもので、その成立には仏教が関係している。

中国に仏教が伝えられたのは後漢時代初めのことで、これに触発された土着信仰の側でも経典や教団組織、神々の体系などを整えるようになり、南北朝時代に道教の成立となった。

初めのうち、道教と仏教は対立関係にあり、「三武一宗の法難」と称される大規模な仏教弾圧が繰り返された。それは南北朝時代の北魏の太武帝による廃仏（446～452年）、同じく北周の武帝による廃仏（574～578年）、唐の武宗による廃仏（845～846年）、五代十国時代の後周世宗による廃仏（955～959年）からなり、これらのうち北周武帝の廃仏だけは儒教のみを称揚する立場から、道教をも対象とした。

また唐王朝では帝室と老子の姓が同じく「李」であることから、仏教より道教を優先する宗教政策がとられたが、唐王朝を中断させ、周という王朝を創立した則天武后だけは仏教を優先させた。

こうした動きと並行して、民間では仏教と道教、儒教を融合させる三教合一が進められ、早い段階から共存関係ができつつあった。三教を融合させた民間宗教が生まれるいっぽうで、それぞれの棲み分けも図られていたのである。学問をする余裕のある家庭では子弟に儒教を学ばせ、科挙の受験に備えるとともに、大家族制度の維持に役立たせた。道教は金儲けや妊娠祈願、病気平癒のような現世利益のため、仏教は心の平安や死者への弔い、来世への備えとして信仰されたのである。

日本の神仏習合がそうであったように、中国の三教合一や共存もさしたる抵抗なく受け入れられた。この点は一神教の世界とは違うところで、キリスト教徒やムスリムには理解しがたいところでもある。

とはいえ、公の場では三教合一が採用されることなく、用途に合わせて使い分けられるのが普通だった。特に上下の別や序列をはっきりとさせなければならない朝廷では儒教を第一とする点は揺るがず、道教と仏教の序列については、王朝ごとに違いが出た。

満洲族の清王朝ではモンゴル人を朋友と位置付けた関係上、彼らの信仰するチベット仏教を重んじる傾向が強く、道教は脇に追いやられた。

中華人民共和国の建国後は長らく、「宗教は悪魔」とする考えから、儒教、道教、仏教に関係なく、宗教全体が冬の時代を経験するが、１９８０年代以降は規制が緩み、キリスト教や反体制色を帯びた新興宗教を除いては、かなりの自由が許されている。

儒教は伝統文化の一つとして再評価され、社会秩序の健全化にも役立つと肯定的にとらえられるようになった。道教と仏教は共存関係にありながら、競争にもさらされており、来世志向の仏教よりも現世志向の道教のほうが多くの信者と参拝客を集めている。

道教の神々のなかでも一番の人気者は財神で、海外華僑の世界に限れば、商売の神様である関帝(三国志の関羽)と航海の神様である媽祖を双璧とする。

受験生のあいだでは文学の神様である文昌帝君の人気が高く、その総本山である四川省の梓童県は毎年受験シーズンが近づくと大変な賑わいを見せる。さながら菅原道真を祭神とする日本の天満宮のようだが、日本よりはるかに受験競争が激しいことから、参拝に訪れる人の本気度も高く、捧げられる線香の本数も賽銭も日本とは桁違いである。

▼なぜインドでレイプ事件が続発するのか?▲

◆ガンジーも否定できなかったカースト制度

ここ10年余り、インド発の痛ましいレイプ事件の報道が急増している。本当に急増しているのか、これまで報道されていなかっただけなのかは不明ながら、これに一番頭を悩ましているのは日本のインド研究者、それもヒンドゥー教の研究者でありながら、フィールドワークの経験の少ない人たちである。ヒンドゥー教の教義上、インドでレイプ事件が起きるのは限りなくゼロに近いはずなのに、現実がそうでないのだから。

ヒンドゥー教は俗に言うカースト制度と不可分の関係にある。カーストとはポルトガル語で「階級」を意味する言葉で、大航海時代のヨーロッパ人が命名したもの。インドの言葉に従えば、ヴァルナ制度と呼ぶのが正しい。「ヴァルナ」とは「色」の意。肌の色で階級を分けたことに由来する。ヴァルナ制度によれば、人間は上からバラモン(司祭・僧侶)、クシャトリア(王族、貴族、武士)、ヴァイシャ(商人、農民)、シュードラ(奴隷)の四つに区分され、その下に人間扱いをされないハリジャン(不可触民)というのが存在し、英語ではアウト・カーストと呼ばれる。外国人も基本的にはアウト・カーストに分類される。

だが、これは大航海時代のヨーロッパ人が導き出した観察結果で、実際には各ヴァルナの下に職業や地域別のジャーティーという単位があり、その総数は2000とも3000とも言われている。ヴァルナが異なる男女間の結婚は禁止で、ジャーティーが異なる場合も同様である。結婚だけでなく、性交もそのはずだから、ヒンドゥー教の教えがしっかり守られていれば、レイプ事件が頻発することも、ハリジャンや外国人が被害者になる例もほとんどないはずなのである。

もし上位のヴァルナの男性が下位の女性と性交をすれば、穢れが生じたとして、そのジャーティーから追放処分を受ける。ともに食事をすることはもちろん、買い物や会話も許されず、他の土地に移住するか、穢れを清める儀式を盛大に行なうことで、復帰を認められる。

「インド独立の父」と称えられるマハトマ・ガンディーでさえ、仕事で南アフリカに出かけたことから、不浄の身になったとして追放処分を受けたことがあり、もとのジャーティーに復活するため、所定の儀式と同じジャーティーの人びとを集めた大宴会を何度も催し、復帰を許されたことを周知徹底させなければならなかった。異教徒の世界を旅しただけでこれだから、性交による穢れからの回復はもっと大変なはずなのである。

それにも関わらず、ハリジャンの少女や外国人女性を狙ったレイプ事件は続出して後を絶たない。研究者が頭を悩ますのも無理ないことである。

だが、答えは意外に簡単なのかもしれない。犯人が誰かわからなければよいと高を括っているか、追放処分の痛手が致命的ではなくなっているか、形骸化しているかのどれかだ。

たしかに1998年以来、たびたび政権の座についているインド人民党はヒンドゥー至上主義を掲げながら、ヴァルナの解消を唱えており、ヒンドゥー教徒全体の意識に変化が起きていることがうかがえる。しかし、そのせいでハリジャンの少女が集団レイプに遭ったあげく、無残な亡骸で発見される事件が相次ぐようでは、手放しで歓迎できないのが現実である。

▼キリスト教の迫害から公認に転じたのはなぜか？

◆肥大化した国家が抱えきれなくなった市民

ローマ帝国ではデキウス帝（在位249～251年）のときを最初として、キリスト教に対する大規模かつ組織的な迫害が何度も繰り返されてきた。ところが、313年のミラノ勅令によりキリスト教およびその他の東方起源の諸宗教が公認され、392年にはキリスト教以外のあらゆる宗教が禁止されたことで、キリスト教が国教の座に収まった。迫害から公認、国教化への変遷はあまりに短期のうちに進んだ。いったい何がそうさせたのか。

元来、キリスト教が迫害された理由は二つある。一つは軍務の拒否で、もう一つは一神教の教えに基づき伝統的な神々と神格化された歴代皇帝に対する信仰を拒否したことである。軍務の拒否は軍団の維持に関わること、伝統信仰の否定は人心の統一に関わることで、帝国としては安全保障の面から、そのどちらも見過ごすわけにはいかなかった。

だが、ローマ帝国の繁栄はやむことなき戦争と捕虜の獲得により支えられてきた部分が大きく、帝国の最盛期とされる五賢帝の時代（96〜186年）、そのどちらもがストップした。歴史上の法則に従えば、守成の時代へ推移したわけだが、軍事国家として成長してきたローマ帝国は、守成の時代をどのように送るべきかわからずにいた。しかも、ローマ市民の意識も大きく変わりつつあった。

ローマ帝国と言えば、「パンとサーカス」が有名で、皇帝や有力貴族は市民に小麦粉と娯楽を無料提供し続けることが暗黙の義務と化していた。娯楽の最たるものは円形闘技場で行なわれる奴隷剣闘士の命がけの決闘や競技場での戦車レースだったが、3世紀頃から客離れが目立ち始め、性的放埒を嫌悪する風潮も高まりつつあった。ローマ社会全体が大きく変質し始めていたのである。

軍務を嫌う風潮がキリスト教徒以外にも広がり始め、帝国はその穴埋めにゲルマン人の傭兵を充てるしかなくなった。いっぽうで、エジプトやアジア由来の様々な信仰が帰還兵を通じて流行を見せ、伝統信仰は形骸化するばかりだった。

アジア起源の信仰のなかで、もっとも成功を収めていたのがキリスト教とイラン起源のミトラス教で、どちらかと言えばキリスト教の方が有力だった。ミトラス教には伝統信仰と同じく、犠牲獣を伴う儀式があったのに対し、キリスト教は創始者のイエスが磔刑に処されたことで、もはや犠牲獣の必要性は消滅したとの見解を示し、流血を忌避する人びとの支持を獲得したからだった。

版図の拡大が止まったことで尚武（しょうぶ）の気風は消え去り、伝統信仰が形骸化したことで、ローマ帝国は重大な危機に立たされた。新たな精神的支柱を打ち立てない限り、遠からず分裂や崩壊が避けられない。それらを回避するには生命力に溢れた宗教なり信仰に頼る以外に方策は見当たらなかった。

かくしてテオドシウス帝（在位379〜395年）が白羽の矢を立てたのがキリスト教だった。信徒の数はまだ帝国市民の10人に1人と少なかったが、信仰の深さという点では抜きん出ており、それより他に選択肢がないというのが、当時のローマ帝国の置かれた状況だった。

キリスト教教会の側でも、信徒に軍務を義務づけるなど、歩み寄りの姿勢を見せたことから、話はうまく運んだ。儀式のたびに大量の犠牲獣を用意することも大きな経済的負担となっていたことから、帝国はその意味でも肩の荷を下ろすことができたのである。

だが、キリスト教の国教化がローマ帝国にとって吉と出たか凶と出たかは判断の難しいところである。帝国の東西分裂が固定化し、西ローマ帝国は476年に滅亡してしまった。東ローマ帝国は

１４５３年まで命脈を保つが、６世紀以降のそれはギリシア人の帝国と化し、「ローマ」は看板に過ぎなくなった。キリスト教にとっては幸いであったが、ローマ帝国にとってはどうであったかは、永遠に答えの出せない問題なのかもしれない。

Chapter 6

環境

文明が発達する影で、
人類が失ったものとは

どうして人間は環境を破壊し続けるのか

火の使用から地球は汚れ始めた

太古の人類は日々、自然への畏怖と敬意の念を忘れずにいた。それが自然崇拝や精霊信仰、アニミズムなどへ、さらに多神教へとつながったのだが、この多神教のなかから特異な一派が登場した。ユダヤ教、キリスト教、イスラームの三大一神教がそれである。

キリスト教で言う『旧約聖書』の「創世記」には、大洪水を生き延びたノアに対して、神がこう語りかけている。

「野の獣、空の鳥——地の上を動くすべてのもの——それに海の魚、これらすべてはあなたがたを恐れおののこう。わたしはこれらをあなたがたに与えた」（創世記9：2）

環境破壊のつなひき

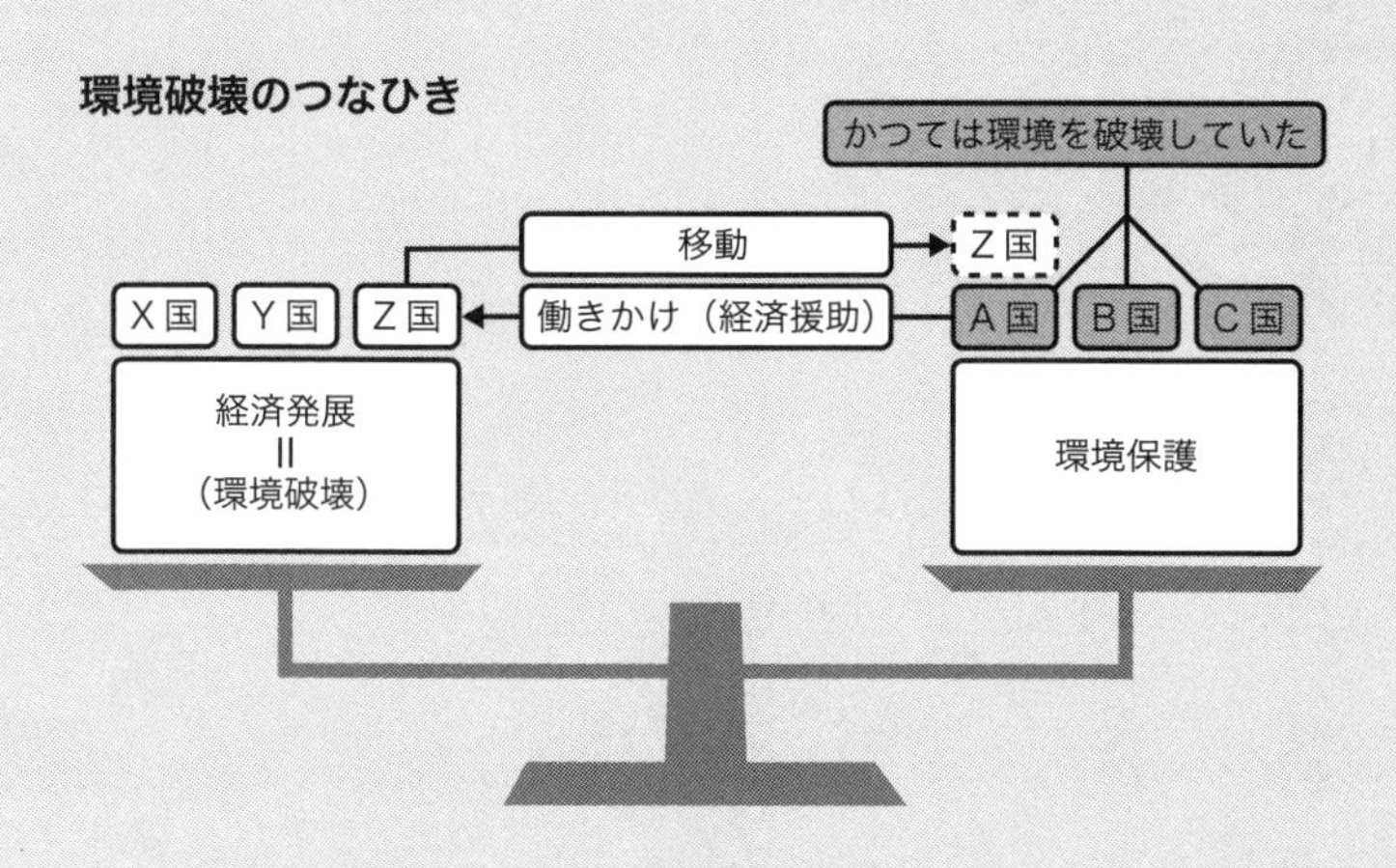

この一節を人類への全権委任とする解釈が、キリスト教世界では長らく受け入れられてきた。自然を征服、支配せよとの意味で。極論を言えば、どうしようとも構わないというように。

ところが、産業革命を経た頃のヨーロッパでは人びとの考え方も大きく変わってきた。教会離れをした世俗派のなかから環境保護を訴える人びと、敬虔なクリスチャンのなかからも、神から与えられた恵みを汚してはならないと考える人びとが増え始め、環境に対する意識が高まったのである。もちろん、それとは逆に環境破壊を必要悪と考える人びともいれば、最後の審判に際してすべてリセットされるから、いくら汚しても問題なしと考える人びとも存在した。

宗教上の理由で環境破壊を是認する人びとはアメリカに多い。そのなかには最後の審判を前倒しさせるには核戦争を起こすのがよいと本気で唱える人びともいるなど、さすがは自由の国。アメリカ人の発想はカオス（混沌）の域にあると言っても過言ではない。

自然との共存。人類がそれを意識するようになったのはほんの数百年前のことだった。当たり前だからこそ意識されてこなかった面もあるが、顧みれば、人類の進化や進歩とは、自然の克服の積み重ねだった。環境に身体を適応させるのではなく、快適に生活できるよう工夫を凝らす。数ある人類種のなかで、それに走ったホモ・サピエンスだけが生き残り、唯一の人類となった。

火の使用もそうなら、衣服の着用もそう。次なる大きな画期は定住農耕生活の開始にあった。大地を改造するなど、それまでの人類には考えも及ばないことだった。大規模な灌漑設備を必要とする水田開発に至ってはなおさらである。

キリスト教が広まる以前、神の依り代として崇められた森林の古木は無残にも切り倒され、現在では森林そのものの減少に歯止めがかからずにいる。かろうじて自然との共存を保っていた地域もグローバル化の波に呑み込まれようとしている。

大都市で快適な生活を送る人びとが環境保護を訴えても説得力に欠けるように思えるが、それでも声をあげることは無駄ではない。誰かが声をあげないことには、具体的な取り組みは何も始まらないのだから。

人類が直面する史上最大の脅威、地球温暖化

◆そのツケを払うのはどこの国なのか

地球上のあらゆる生命が直面している問題。地球温暖化がそれである。

温室効果ガスの排出量増大がオゾン層の破壊をもたらし、それが平均気温の上昇につながっているとするのが地球温暖化説の骨子で、世界の科学者の大半はそれを科学的裏づけのある事実と受け止めている。

温室効果ガスは主に二酸化炭素からなり、それは化石燃料を燃焼させたときに発生する。すなわち人類の歴史から見れば、火の使用を始めたときから、二酸化炭素排出量の増大は避けられないことで、その数値が急増したのは英国に始まる産業革命がヨーロッパ全体に拡がって以降のことだった。

工場から排出される二酸化炭素はもとより、列車や蒸気船から排出されるそれも馬鹿にはならない。主力エネルギー源が石炭から石油や天然ガスに移行したところで、二酸化炭素の排出量は増えこそすれ減ることはなく、オゾン層の破壊はさらに進んだ。

夏の異常なまでの高温や異常気象、氷河の縮小、海水面の上昇などはすべて地球温暖化の影響と言われ、南太平洋の島々やバングラデシュなどは遠からず水没の危機にあるとも言う。地球全体の生態系が崩れれば、他にもどんな事態が生じるか予測不確定な部分がたくさんある。

地球温暖化が一時的か周期的なものではなく、本当に温室効果ガスの排出量増大に原因があるなら、元を断つしか温暖化を止める術はない。完全停止が無理なら、せめて排出量の削減をしなければ、20世紀末以来、国際社会は排出量削減の努力を始めたのだが、各国の足並みは必ずしも揃ってはおらず、特に新興国の反発は大きかった。

新興国が先進国と同程度の経済水準に達するにはさらなる工業化の進展が不可欠で、先進国は地球温暖化を口実に新興国の成長を抑制するつもりではないのか。先進国の工業化が現在の状況をもたらしたのだから、先進国がより多くの負担を引き受けるべきではないのか。このような声があがるのも無理はなかった。

またアメリカのトランプ政権は地球温暖化説そのものを否定し、税金の無駄として、それに向けた努力を一切放棄してしまったが、これにはトランプ政権に色濃い「負け組」救済の傾向が見て取れる。二酸化炭素排出量を削減するための技術改良にはそれなりの時間と資金が必要で、その両方の負担をしかねる企業および負担したくない企業に助け船を出したというわけだ。

同様の政策は狂牛病問題のときにも生じた。アメリカ産牛肉の輸入再開の条件として、日本側が全頭検査を提示したのに対し、アメリカはあくまで拒否を貫き、それを押し通してしまった。狂牛病に感染した牛の肉を食べても人間に害が及ぶかどうかはわかっておらず、何かしら悪影響が表面化するとしても、20年か30年も先であれば、そのときに対処すればよく、うまくすれば誤魔化しが効くかもしれない。狂牛病問題にしても地球温暖化問題にしても、アメリカの政策はツケを後世にまわすだけの重大な過失になりかねず、ツケの深刻度が読めないだけに、不安が募るばかりである。

▼北京オリンピックでの作られた青空▲

◆繰り返される公害の愚

中国には「北京秋天（ペイチンチウティエン）」という決まり文句がある。北京の空は秋がもっとも青くて素晴らしいという意味だが、今はこの言葉が完全な死語と化している。黄砂やPM2・5をあげるまでもなく、公害のせいで秋季の北京で美しい青空を拝める機会はなくなってしまったのだから。

現在の習近平政権は国際的な会議や競技会が北京で開催されるたび、面子のためだけに青空を演出している。1カ月も前から北京市を取り囲む河北省全域の工場の操業をやめさせ、自動車の走行規制も施した上に、人工的に雲を駆逐するなど、あらゆる手段を講じているのだ。

逆に言えば、北京から青空を奪ったのは工業化に伴う公害なわけで、中国政府はガソリン車から電気自動車への切り替えや、環境に優しい工場機器への転換を促すなど様々な政策が推し進めているが、遅きに失した感は否めない。

今から30年ほど前、日本人の対中感情が極めて良好だった時期には、中国で公害が蔓延すると予測しえた人はほとんどいなかった。後追いの国には後追いならではのメリットがあり、日本の失敗を反面教師にするに違いないとの思い込みがあったからである。日本の工業化には足尾銅山の問題をはじめ、戦後に限っても水俣病やイタイイタイ病、四日市喘息、川崎病など様々な公害病が伴っており、中国は工業化を進めながら、公害を深刻化させない道を歩んでくれるのではないかとの期待もあった。

ところが現実は、中国は日本の悪い例をなぞってしまった。たびたび日本を訪れていた視察団はいったい何を見ていたのか。日本側があえて負の遺産を見せないようにしていたのか。それとも中国側が工業化を優先させるため、見て見ぬふりを決め込んだのか。

真実が何であれ、今や中国が抱える公害は日本の最悪期よりさらに深刻である。汚染の対象は大気だけではなく、水や土壌にも及んでいる。工場排水や過剰な農薬の投与が原因で、少し前の統計になるが、２０１３年には中国全土に２４７カ所もの「癌の村」が数えられた。「癌の村」とは癌患者の占める割合が非常に高い村落のことで、その範囲は27の省に及び、全国で年平均３５０万件の症例が新たに癌と診断された。１分ごとに６・８人の新たな癌患者が誕生している計算であり、異常な数値と言わざるをえない。

同様の現象はインドや他の新興国、発展途上国でも見られ、インドの深刻度は中国に引けを取らない。中国とインドの人口を合わせれば約28億人と、世界人口の３分の１弱を占める。それだけの人びとが日常的に健康被害の危機に晒されているわけで、この問題は近い将来、両国の経済成長の大きな足枷になるに相違ない。今はまだ強権で押さえつけているが、深刻な被害者の絶対数が増え続ければ、いずれ破綻を免れないであろう。

▼ナショナル・トラストが英国発である理由とは？▲

◆自然を守るために国家ができること

英国は動物愛護と並んで、環境保護活動が盛んなことでも知られている。後者の遠因は産業革命にある。世界で最初に産業革命を経験した英国は、世界で最初に工業化に起因する公害をも経験した。ただでさえ自然に恵まれているとは言えない英国本土で大気汚染や水質・土壌汚染が蔓延したのだから、官民をあげて環境保護活動が盛り上がるのはある意味で自然な流れでもあった。

なかでも政府に本腰を入れさせたきっかけは、ロンドン市内を流れるテムズ川の汚染である。そこから立ち込める悪臭がひどく、川沿いの国会議事堂では審議どころではなくなり、休会に追い込まれた。中央の政治家たちが身をもって公害の酷さを痛感させられたことで、環境保護活動がほとんど抵抗なく推進されることになったのだった。

その過程で一役買ったのがナショナル・トラストで、同組織は1895年に自然保護と史跡保存のために設立された非営利法人である。1907年に成立したナショナル・トラスト法により、様々な特権を与えられた。税負担に耐え切れなくなった所有者が、歴史的建造物や自然豊かな土地をナショナル・トラストに寄贈すれば、相続税が免除された上に、年に一定期間の一般公開を条件として当人ばかりかその子孫も居住し続けられると認められたことから、環境保護活動に弾みをつける成り行きとなった。

近代以降の税制改革により、多くの貴族家庭で城館の相続が難しくなった。売却すれば当面の生活資金には困らないが、それが尽きれば万事休すである。購入者が城館の建物を残すとは限らず、解体して他の何かを建設するとなれば、文化的な損失ともなる。しかし、ナショナル・トラストに寄贈すれば、すべてが丸く収まる。没落貴族にとっても、英国社会全体にとっても、ナショナル・トラストは歓迎すべき存在と化したのである。

いっぽうの動物愛護については、多分に贖罪の念が込められている。近世までの英国ではアニマル・スポーツという、動物の命をかけた娯楽が盛んだった。牛と犬を闘わせる牛掛けや暴れ牛を町中に放つ牛追い、鶏に向けて飛び道具を投げつける鶏当て、闘鶏、闘犬など様々な種類があり、貴族やジェントリ（爵位のない大地主）からなるジェントルマン（紳士階級）はそのパトロンを務め、人びとはそれを賭博の対象としていた。

当然ながら、これらの娯楽では動物の血が流され、命が奪われることもざらにあった。古代ローマで盛んだった闘技場での娯楽を彷彿とさせるもので、ヘンリー8世が宮殿内に専用の闘鶏場を設けたように国王が率先してのめり込む場合もあった。

ところが、ピューリタン革命が起きた17世紀頃を境にジェントルマン全体の考えが変わり、アニマル・スポーツを野蛮で卑しい行為と見なす風潮が高まり出した。その結果、アニマル・スポーツは徐々に廃れ、20世紀初頭にはキツネ狩りを残すのみとなったが、それも2005年には全面廃止とされた。

ちなみに、英国貴族の狩りでは銃も弓矢も使わず、獲物を狩るのは猟犬の役目だった。貴族は馬上それを追いかけるだけ。自分たちの手を汚さないのが流儀で、その獲物からして、猟場管理人が飼育した鳥獣を狩りに際して放つという形式で行なわれるなど、日本人の考える狩りとはかなり様相を異にしていた。

また20世紀初頭にはアメリカ伝来ドッグ・レースが一時期大人気を博するが、そこで犬が追いかけたのは生き物ではなく、電動式のウサギだった。アニマル・スポーツが血を見る形で復活することはなかったのである。

フランス革命の引き金は火山の噴火だった

◆食べ物を求めたフランス市民

フランス革命の発端について語られるとき、必ず出てくるのが全国三部会と呼ばれた身分制議会である。貴族を第一身分、聖職者を第二身分、平民を第三身分とし、それぞれの代表からなる議会の総称として全国三部会の名称が使われたのだが、ルイ13世統治下の1615年を最後に開かれずにいた。その全国三部会が174年ぶり、1789年5月に開催されたことがフランス革命の序曲となるのだが、そもそもなぜ長らく沈黙を強いられていた全国三部会が再開されることになったのか。

その理由は国庫の財政危機にあった。物価の上昇に加え、海外植民地を舞台にした英国との第二次百年戦争、アメリカ独立戦争への介入などによって戦費が膨らみ、1788年には負債利子だけで歳出の50パーセントに及ぶまでになった。従来の税制ではもはやどうしようもなく、免税特権を持っていた第一身分と第二身分に課税をするしか打開の道は見当たらなかった。

第三身分への増税は問題外だった。1774年に全国的な不作に見舞われた際、その翌年には小麦粉とパン価格の上昇から全国各都市で「小麦粉戦争」と呼ばれる暴動が発生。投機目的の買い占めを疑われた粉屋やパン屋が軒並み襲撃を受けた。天候異変による凶作は１７８７年と翌年にも起きており、ここで増税を打ち出せば、さらなる大暴動が起きるのが目に見えていたからである。

けれども、第一身分と第二身分への課税は一方的な命令で済むはずはなく、相当な抵抗が予想された。そこで国王ルイ16世は全国三部会の招集に踏み切ったのだが、そこで第一・第二身分と第三身分が対立。下級聖職者が第三身分に加担したことから、事態は急進化し、フランス革命の勃発となるのだが、これにもし大衆の参加がなければ大事に至りはしなかったかもしれない。ふだんは街頭に出て、抗議活動に参加することのない人びとまでをも行動に駆り立てた要因は、王政や身分制、封建制度への不満などではなく、深刻な食糧不足にあった。

問題の食糧不足だが、少なくとも１７８７年とその翌年の不作は、１７８３年から１７８５年にかけて起きた火山の噴火が原因だった。

噴火したのはアイスランドのラキ火山で、有史以来何度も噴火を繰り返してきたが、１７８３年の噴火は北半球全域にわたって太陽光を遮る、世界史的に見ても最大規模のものだった。

飢餓に瀕していたのでは、国民議会の成立やバスティーユ監獄の襲撃くらいで事態が収まるはずもなく、１７８９年10月には槍や剣で武装した女性たちによるパリ中心部から国王のいるヴェルサイユ宮殿に向けての大行進が行なわれた。ルイ16世は封建制の廃止と人権宣言の採択に加え、小麦の放出を約束するが、事態はそれでも収まらず、宮殿になだれ込んだ女性たちによって、国王夫妻はパリに連行されることとなった。

ただし、この時点ではまだ国民の国王に対する感情は悪くなく、敬意をもって軟禁状態に置かれるにとどまった。反国王誕生に火がつくのは1791年6月、国王一家が国外逃亡（ヴァレンヌ逃亡事件）を試み、失敗に終わってからで、それ以前、国王夫妻を断頭台で処刑するなど予測しえた者は誰一人いなかった。

▼地中海沿岸にはどうして森林がないのか？▲

◆「パンとサーカス」が公害を生み出した

ヨーロッパの地中海岸はもとより、アフリカやアジアの地中海沿岸には森林が見あたらない。およそ3000年前、現在のレバノンには建築素材に適した杉の森林が広がっていたはずなのに、現在残るそれは森林と呼ぶには寂しい限り。地中海沿岸の他の地域に至っては、高い木さえもが見あたらない。これはいったいどういうことか。

レバノン杉の場合、過度の伐採が原因のようだが、他の地域はどうなのか。もとから森林などなかったのか。

そこに森林があったかどうかは、古い地層に残る花粉を調べればはっきりする。調査の結果はと言えば、3000年前の地中海沿岸、少なくともヨーロッパには森林が存在していたことがわかっている。それがどうして跡形もなくなってしまったのか。

中国にはげ山が多い理由と同じく、これまた推測の域を出ないが、地中海沿岸から森林が消滅した理由としてはやはり過度の伐採が考えられる。その目的が浴場で使うお湯を沸かすためであったことも。

地中海沿岸を旅したことのある人ならわかるように、古代ローマの都市遺跡はどこも似た造りで、必ずある建築物がいくつかある。列柱付き大通り、円形劇場、神殿、公衆トイレ、そして浴場である。

ローマ帝国の皇帝には市民に「パンとサーカス」を与える義務があった。円形闘技場での血なまぐさい見世物は「サーカス」の一つで、格安で楽しめる浴場も右に同じだった。浴場の建設と維持管理は福祉政策の一環で、地方の都市では地方官や地元有力者がスポンサーとなった。

当時の浴場のなかでも最大規模を誇るのは、現在もローマ市内に残る通称「カラカラ浴場」である。

正式名称はアントニヌス浴場だが、カラカラ帝（在位198〜217年）によって建設されたことからその名がある。熱浴室や冷浴室、微温浴室、脱衣室、中央ホールなどを備え、浴場施設だけでも面積約2万5000平方メートルにも及び、敷地全体では幅337メートル、奥行き328メートル、総面積が約11万平方メートルにもなる。全体が人工基盤により底上げされ、敷地内には遊歩道や運動場、図書館なども併設されていたから、単なる浴場の域を超えた総合娯楽施設と呼ぶに相応しいものでもあった。

けれども、浴場の運営は大変である。郊外から水を引いてくる水道施設の維持管理だけでも大変だというのに、その水をお湯にしなければならないのだから。ガスや電気はまだないから、燃料は木材に頼るほかなく、カラカラ浴場だけでも一日に大量の木材が燃やされたはず。ローマ帝国全土となれば、その量は半端ではない。最盛期のローマ帝国は地中海一円をすっぽりと囲んでいたから、わずか一日でも帝国全土で燃やされた木材の量は相当数に及んだはずである。それが何十年も続けば、ローマ帝国の版図であった地中化沿岸から森林が消滅するのも無理はなかった。

▼国を動かした火山の噴火、干ばつ、水害……▲

◆異常気象が世界の歴史を変えていく

21世紀に入ってから、地球規模で異常気象が続いている。地球温暖化だけが原因でないことは、異常気象が歴史上何度も起きていることから明らかである。なかでも特にひどかったのは14世紀と17世紀のものだった。

14世紀の異常気象は、ペスト（黒死病）の大流行と重なったことから、ヨーロッパにとっては歴史上最悪のダブルパンチだった。ヨーロッパの人口を3分の1にまで激減させたと言われるこの災厄は当時の科学の水準では原因がわからなかっただけに人びとの恐怖を煽り、ユダヤ人が井戸に毒を入れたのだとしてポグロムと呼ばれるユダヤ人の大量殺戮を引き起こしたこともあれば、神罰だとして多くの鞭打ち苦行者を生み出すこともあった。

ペストの被害のピークは１３４８年頃だが、同時期の中国でも干ばつや長雨などの自然災害が相次ぎ、全国各地で大量の飢民や流民が生まれていた。

時の統治者はモンゴル人の元王朝だが、衰退期に差し掛かっていた元王朝には救済に乗り出す余力もやる気もなく、飢餓の蔓延をよそにして、中央で権力闘争を繰り返すばかりだった。

そんななか華中一帯では、白蓮教という民間仏教系の宗教結社が急成長を遂げていた。その信者たちは口々に、「天下大乱、弥勒仏下生」を唱えていたが、弥勒とは末法の世に降臨して、世直しをするとされた未来仏のこと。人びとは弥勒の降臨を早める以外、絶望的状況からの脱却は不可能として、白蓮教のもとに結集したのだった。

かくして起きたのが1351年に始まる紅巾の乱で、これをきかっけに黄河以南は群雄割拠の地と化し、そのなかから台頭した朱元璋により明王朝が築かれるのだが、明が現在の北京からモンゴルの勢力を駆逐し、戦乱を鎮めたのは1368年のことで、その間にも多くの命が失われることとなった。

17世紀の異常気象とそれを一因とする混乱を、西洋史家たちは「17世紀の全般的危機」と称している。各地で不作や飢饉が間断なく続く現象に人心は不安と苛立ちを募らせ、何かきっかけさえあればいつ爆発してもおかしくない状況をつくりだした。英国のピューリタン革命、フランスの抗税一揆、ドイツの三十年戦争などがそれにあたる。

明王朝統治下の1628年、現在の陝西省北部で起きた反乱が瞬く間に全国へ波及する。ただでさえ地味の痩せた土地であったことに加え、1627年から2年続きの干ばつが追い打ちとなり、失業した駅夫や給与の遅配で窮した国境警備の兵士らが反乱を起こすと、飢民や流民、逃亡兵、匪賊などがこれに合流もしくは呼応。反乱が急拡大する事態につながったのである。

当時の匪賊には生活に窮してやむなくなった者が多く、現役の兵士にしても遅配が1年以上に及んだことから、まず妻子を売り、次に武器を質に入れて食いつないでいたが、もはや手放せるものがなくなったため、蜂起に踏み切ったのだった。

1636年7月、有力な指導者であった高迎祥（こうげいしょう）が官軍の手に落ち、処刑されたことで反乱は下火になるが、1639年から翌年にかけて華北一帯が旱害や蝗害（こうがい）に見舞われると、反乱軍は息を吹き返し、高迎祥の跡を継いだ李自成の指揮のもと、1641年1月には洛陽、2月には開封、翌々年の1月には襄陽、10月には西安を陥落させ、1644年1月にはみずから帝位につき、大順国を建国。同年3月には北京に入城して、明王朝を滅ぼすのだった。李自成が何度大敗を喫しても再起できたのは、飢餓に瀕した民が野に溢れていたからで、彼らにとって李自成は唯一の救いと目されたのだった。

そのため李自成が清軍に敗れて死亡してからも彼を慕う者が多く、巷では長く生存説が語り継がれることとなった。

中国にとっての「治水」とは

◆古代の中国の聖君は治水の成功者

中国の王朝史は殷に始まり、周に受け継がれるが、その都はどちらも黄河かその支流の近くに設けられ、それぞれの直轄地も黄河の流域に限られていた。

神話伝説の上では、殷王朝に先立って夏王朝が存在し、そのまた前は三皇五帝の時代と呼ばれる。三皇五帝の時代は漢民族の祖として仰がれる黄帝に始まり、しばらくは世襲されるが、子孫が凡庸な者ばかりになると禅譲と言って、徳の高い者に帝位を譲る継承法が生まれ、かくして帝位についたのが堯(ぎょう)、舜(しゅん)、禹(う)であった。この禹のときから君主の座は再び世襲となり、夏王朝の始まりとなる。

古代聖君の時代であっても、最大の課題は黄河の治水にあった。黄河は恵みの大河であると同時に大変な暴れ川で、これを制御するのは至難の業だった。

堯の時代、黄河の治水に鯀という人物を採用してみたが、9年経っても成果をあげることができなかった。鯀(こん)の子である禹は父の果たせなかった事業を受け継ぎ、みごと成功させる。禹はその功績が認められ、舜の後継者として指名されたのである。治水に巧みな人物であれば政治全般うまくやれる。治水がいかに難しく、それを克服した者がいかに高く評価されたか。中国人の歴史観と価値観がうかがえるエピソードでもある。

こちらは歴史上実在の人物だが、秦の時代、蜀（現在の四川省）の太守を務めた李冰（りひょう）には二郎という次男坊がいた。李冰は蜀を流れる河川の治水に成功した人物で、二郎は父のよき補佐役となったのであろう。時代が下ると二郎神という神として祀られ、道教では顕聖二郎真君という治水と武の神とされた。小説の『西遊記』や『封神演義』にも登場して、重要な役回りを演じるなど、民間でも大きな人気を博した。

中国史上、単に「河」と言う場合は黄河を、「江」という場合は長江をさす。この二大河川はそれだけ別格に見られていたのである。他の河川とは長さも川幅も流れる水の量も桁違い。農業用水としても水上交通の上でも欠かすことのできない存在だった。

それだけに歴代王朝も両大河の治水に心を砕いたのだが、元朝末期には中央での政争の影響もあって、黄河で氾濫が起きても何ら有効な対策の施されない状態が続いた。そのせいで現在の河南省と山東省一帯は飢民や流民で溢れ、不穏な空気が醸成されるなか、先述した白蓮教が急成長を見せた。動乱を起こそうとする者、動乱が起きれば乗じようとする野心家などが準備態勢に入ったのだった。

時代はさらに下り、清朝時代になっても治水の重要性は下がりはせず、黄河と並んで長江の治水も重要視された。長江は黄河とは異なり、流れが変わるほどの氾濫を起こしはしないが、下流域に中国最大の穀倉地帯が広がっていたことから、灌漑設備に不備はないか目を光らせておく必要があったのである。康熙帝と乾隆帝がたびたび巡察に訪れたのも、それを自分の目で確かめるためだった。

ただし、乾隆帝の巡察目的に関しては異説があって巷では江南美女を物色するためだとか帝の実の父親が本当は海寧（かいねい）（現在の浙江省海寧市）に住む漢民族で、実家への挨拶と墓参のために訪れているといった噂が根強く囁かれていた。

司馬遷の『史記』には、「山が崩れ、川が尽きるのは亡国の兆候」と記されている。ここで言う川は黄河や長江より小さな川全般を指しているようだが、近年は工業用水に利用するため違法に黄河の水を使用するケースが多く、当局は神経を尖らせている。黄河が涸れる心配が現実のものとなったわけで、その対策として取り締まりを厳重にするだけでなく、長江の水を黄河まで引く計画が着々と進行しつつある。やはり司馬遷の予言が気になるのだろう。

Chapter 7

貨幣

国家だけでなく、
世界に流れる「血液」

形になった富の象徴

物々交換からの発展

モノの売買は物々交換に始まった。貝殻が貨幣の役割を果たしたところもあったようだが、それは価値観の共有があって初めて成立すること。その意味では、金銀銅が世界中どこでも貨幣の代わりを果たしていたことは興味深い。誰が決めたわけでも、誰が押し付けたわけでもないにも関わらず、価値観が共有されていたのだから。

金貨、銀貨、銅銭。貨幣と言えばこの3つのうちのどれかという時代が長く続き、紙幣の時代になっても硬貨はなお命脈を保っている。電子マネーの普及に伴い、キャッシュレスの時代が到来する可能性も高まってきたが、まだまだ予断を許さない。電子マネーの偽造が偽札を造るより容易で原価も安

経済の仕組みの変遷

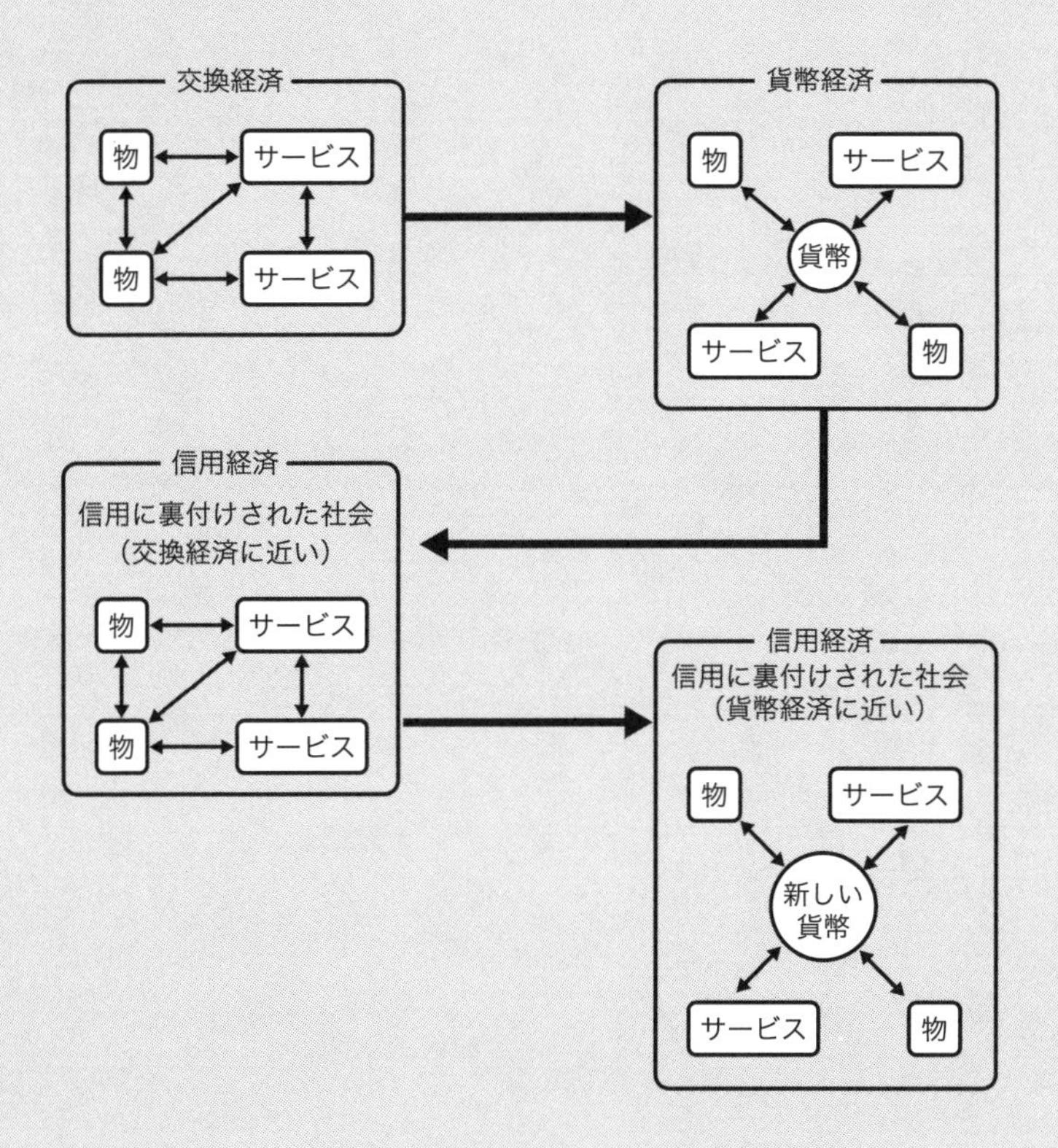
交換経済
物
サービス
物
サービス
貨幣経済
物
サービス
貨幣
サービス
物
信用経済
信用に裏付けされた社会
（交換経済に近い）
物
サービス
物
サービス
信用経済
信用に裏付けされた社会
（貨幣経済に近い）
物
サービス
新しい貨幣
サービス
物

いとなれば、電子マネーというシステムそのものが消え去る可能性もあるからだ。

それはともかく、冷戦終結後の世界は大方の予想に反して刺々しいものとなってしまった。地域紛争や無差別テロに加え、貧富の差の拡大が止まらなくなっている。共産主義の脅威が消え去ったことで、富裕層の自制心が失われてしまったのだ。

富の再分配が叫ばれて久しいが、これまでのところ累進課税以外にこれといった対策はとられていない。前近代までは宗教が富の再分配システムとして機能してきたが、現在もうまく機能しているかは怪しい。

問題なのは、富の再分配など必要なしとする主張も少なくないことだ。新自由主義と呼ばれるその主張では、貧乏人を怠け者か敗者と決めつけ、貧困の連鎖を自業自得とし、救済の必要もなしとする。人類の歴史上、そのような主張は珍しくないが、それはほぼ例外なくバブルのようなもので、大いなる破綻の前兆であった。奢れる者は久しからずではないが、社会改良を怠れば必ずそのツケがやって来る。歴史は繰り返すという言葉は、当たっていないこともあれば、当たっていることもあり、後者のほうが圧倒的に多いからだ。

歴史は繰り返すと言えば、昨今の中国が抱える「一帯一路」政策は19世紀の列強が進めた帝国主義政策とよく似ている。甘い審査で借款を供与するが、返済が滞れば容赦なく担保物件を差し押さえる。南アジアのスリランカや東アフリカのジブチで実際に港湾施設の所有権が中国の手に移ったことをきっかけとして、マレーシアやインドネシア、モルディブなどが外交政策の転換を始めているが、今後の展開はまったく予想がつかない。

開発は進めたいが資金がなく、アジア開発銀行は返済不可能と目される相手には貸し出しをしない。そのため中国主導のアジアインフラ投資銀行に頼るわけだが、帝国主義の再来を思わせるそのやり方が果たして長続きするものなのか。現状を見る限り、期待より懸念のほうが強いと言わざるをえない。

仮想通貨の登場が重大な変化をもたらすかどうかも、まったく見当がつかないのが現状である。

▼バラバラだった古代中国の貨幣

◆秦の始皇帝による貨幣の統一

秦の始皇帝は中国の戦国時代を終わらせた人物。国土の統一だけではなく、度量衡・文字の書体・車輪の幅と並んで、貨幣を統一したことでも知られている。

統一というからは、それまでは不統一だったわけで、事実、韓、魏、趙、楚、斉、燕、秦からなる戦国七雄と称された七大国ではそれぞれ違う貨幣が流通していた。

素材の点では銅銭と金、銀貨があり、形状の点では剃刀の形をした刀銭、鍬を象った布銭、楕円形の蟻鼻(ぎび)銭、円形に四角い穴の空いた円銭があった。金・銀貨が製造されていたのは楚の国だけで、他はみな銅銭のみである。

戦国時代の秦で流通していた円銭は表面に「半」と「両」の文字があることから、半両銭と呼ばれた。円形が選ばれたのは、天空が円状をなしているとの世界観の表れで、真ん中に方孔(ほうこう)という四角い穴が空いているのは、製造過程と持ち運ぶに際しての利便性を考慮してのものと考えられる。外周部分のはみだしを削るのに固定する際、穴が円形だとくるくる回って作業にならない。紐を通して持ち運ぶ際も円形だとジャラジャラ鳴ってうるさすぎる。そのため方孔が選ばれたというのである。

半両銭の材質は正確には青銅。すなわち銅と錫の合金で、前者を8割、後者を2割の配分とするものが多い。

両は重さの単位で、戦国時代の1両は約16グラム、半両は約8グラムになるが、これまでに発見されている半両銭はそうではない。戦国時代中期、秦が半両銭の鋳造を開始した当初は約8グラムであったと推測されるが、時代が下るとともに軽量化が進んでいる。自然と擦り減った可能性もあるが、それよりも意図的に軽量化された可能性のほうが高い。

なぜかといえば、その半両銭が有効か否かの判断基準が、銅と錫の比率が8対2で、大きな損傷がなく、「半両」の文字が少しでも読み取れ、銭形八分（直径約1・85ミリ）以上と定められていたからである。これは前漢初期に発せられた法令だが、当時はまだ秦の制度を踏襲した例が多いことから、秦代の半両銭の基準もこれと同じであった可能性が高いのだ。

秦が初めて半両銭を発行したのは、司馬遷の『史記』によれば、恵文王2年のこと。西暦では前336年にあたる。それまでは東方六国の通貨を流用するか、秦国内でも何種類もの通貨が流通していたのだろう。

別の言い方をすれば、様々な貨幣が乱立していたことになる。貨幣の価値が素材と重量に比例していれば、発行元が違っても問題はなく、両替も簡単なら、両替せずともそのままで使用できる。だが、素材である銅と錫の産出地を国内に持たないか、産出量が少なければ、その国は他国の通貨を鋳直すか、素材を輸入に頼るほかなく、圧倒的に不利であることは否めない。秦の場合はまさしくそれにあたった。

秦が唯一の国家公認の貨幣として半両銭の発行を始めた背景には、このような事情が働いていたのではないか。銅と錫の比率が問題なく、欠損も目立たなければ、大きさや重量は大した問題ではなく、凸形に鋳込まれた「半」「両」の二文字が読み取れるかどうかが大事。このように決めてしまえば、東方六国に依存することなく、経済的な自立が可能になる。それこそ秦が富国強兵への道を歩むにあたって必要不可欠な経済政策だった。

秦は新たな占領地を得るたびに半両銭の通用範囲も広げていったが、旧貨幣の使用を全面的に禁止するまでの厳しい処置はとらずにいた。経済の混乱とそれに起因する反乱を恐れたのだろう。

しかし、全国平定を成し遂げてからは違った。初めて「皇帝」の称号を名乗った始皇帝は寛容な姿勢をかなぐり捨て、力を背景とする徹底した法治政策を開始した。貨幣の統一はその一つにすぎず、国家のお墨つきこそが一番で、大きさや重さを軽視した貨幣というのは、中国の歴史においても極めて稀なものであった。

▼拡大し続ける経済に対応▲

◆紙幣の誕生と国家への信頼の裏つけ

世界で最初に紙幣が発行された場所は中国だった。現在の河南省開封市に都を置いた北宋時代のことで、誕生の地は現在の四川省だった。

海外貿易の窓口であった広東省や福建省ならわかりやすいが、なぜ内陸部の四川省だったのか。それは四川省ではこれといった銅山がなく、貨幣では銅銭より鉄銭が主流であったこと、および塩の一大産地であったことと関係する。

四川省でも最大の塩の産地は同省中南部にある自貢市で、同省産の塩の半分以上を占めることから「塩都」とも呼ばれる。恐竜化石の宝庫としても有名なところで、戦国時代末から地下にある天然の鹹水を汲み上げ、煮詰めることで塩をつくる製塩が盛んだった。このようにしてつくられた塩を「井塩」と言う。

いつの時代も塩は生活必需品で、過剰摂取は問題外として、これをまったく摂取しなければ、力が入らなくなるなど身体に様々な障害が出て、最悪は命に関わる。そのため中国の歴史上では兵糧攻めならぬ塩の供給を止める塩攻めが行なわれることがままあった。

つまり、塩は安定した商品であったわけで、その流通を止めるわけにはいかない。その売買には鉄銭が使用されたのだが、鉄銭は銅銭よりも重く、山の多い四川ではその運搬は大変な重労働で、日数がかかればそれだけ盗賊に襲われる危険度も増す。そのため唐代末から寄附鋪という金融業者が現われ、銭や金銀、布絹などを預かって、交子（こうり）という預かり手形を発行。その手形が貨幣の代わりとして市場でも流通するようになった。

五代十国時代を経て北宋の時代に入ると、それらの金融業者は交子鋪または交子戸と称し、四川の首府であった成都府では大富豪十六家が役所から独占権を獲得。組合を結成することで信頼度を高めながら、四川の他の同業者を圧倒するようになった。とはいえ、ローカルな組合には自ずと成長に限界もあり、１０２３年、それに乗じた北宋政府によって、交子は官営の紙幣へと生まれ変わったのだった。

四川で生まれた紙幣が全国展開できた背景には商業都市の誕生と商業全体の隆盛がある。従来の都市が政治都市か軍事都市のどちらかであったのに対し、北宋時代にはそれらから商業都市に変じるところが多く、農村部でも定期市や常設市の設置が広まった。

こうした社会経済の変化を促したのは、北宋が直面した対外危機があった。北方と西北方の二方面で異民族の圧迫が強く、国境付近に大量の兵力を配置する必要に迫られ、補給を絶やすわけにはいかなかった。それが物流と沿道全体を活性化させ、紙幣の受け入れおよび定着へとつながったのだった。

現在の浙江省杭州市に都を置いた南宋とそれに続く元王朝の時代、紙幣は全国的にもしっかり根付いたかと思われたが、国家による保証がなくなれば紙屑も同然。元朝末期の群雄割拠のもとではすっかり価値を失った。明王朝の統治下で紙幣が復活するが、制度に不備があったことから紙幣に対する信用は低く、人びとは再び銅銭や銀を日常的に用いるようになった。貨幣の歴史は平坦ではなかったのである。

▼銀の時代が始まった

◆税の銀納化

元朝末期の動乱を制し、中国統一を成し遂げた明王朝は宝鈔（ほうしょう）という紙幣を発行するが、それが不換紙幣であったことから民衆はそっぽを向き、もっぱら銅銭か銀を使用した。銀は銀貨に鋳直されることなく、地銀がそのまま使用された。
時に中国産の銅銭は海外で引く手あまただったために、国内では銭荒と言って、銅銭不足が生じる事態となった。明朝政府は銅銭の使用を禁止する「金銀交易の禁」を前後あわせて7回も発するが、一向に効果がなかった。

いっぽうで海外からの銀の流入が続いたことから、銀には余裕があった。銀には日本銀とスペイン・メキシコ銀の2種類があり、日本銀の最大の産地は島根県の石見銀山、スペイン・メキシコ銀のそれはメキシコのサカテラス銀山と同じくスペイン領だった南米ボリビアのポトシ銀山だった。スペイン・メキシコ銀はスペイン本国へ運ばれたものを除けば、あとはすべてやはりスペイン領だったフィリピンに運ばれ、そこで日本銀と合流。明との交易に利用されたことから、当時世界で流通していた銀のかなりの部分が明に貯め込まれる結果となった。

明の政府としても銅銭の不足と銀余りの現実を直視せざるをえず、段階的に税の銀納化を進めていった。穀物の代納の場合、米麦4石を銀1両として計算。当初は代納される銀を折糧銀（せつりょうぎん）、のちには純度の高い良質な銀を意味する金銀花（きんぎんか）の名で呼ぶようになった。

清王朝は明の税制を受け継ぎながら、それに改良を施し、雍正年間（1723～1735年）には人頭税と土地税を一本化した上、すべてを銀で支払わせる「地丁銀」の制度を確立させた。地主や自営農民は作物を換金する必要に迫られ、社会全体の仕組みも激変。商人や金融業者が経済を牛耳る時代が到来したのだった。

あらゆる税はいったん北京に集められることとされたが、道中は危険がいっぱいである。それは清王朝の全盛期でも変わりなく、途中で強盗の被害に遭っても、便宜を図ってもらうことはできず、自腹で埋め合わせをしなければならなかった。そのため地方官の多くは自力での送金をあきらめ、鏢局という民間業者に委託するのが一般的となった。

標局とは現在でいう警備会社と倉庫業、運送業を兼ねたような組織で、その構成員は鏢師と呼ばれ、いずれ劣らぬ武術の達人だった。現在われわれが目にするカンフーは大道芸人による見世物や健康法の延長線上にあるが、標師の武術は完全な実戦用。やたら見せびらかすものではなかった。

標局に税の運搬を委託すれば、万が一盗難に遭っても、鏢局が一身にその責任を負い、全額保証してくれることになっていた。そのため地方官としては、鏢局に任せたほうが安心というので、全面委託が普及したのだった。

腕利き揃いの鏢局だが、彼らは業務を円滑に遂行するため事前の工作を怠らなかった。普段から街道筋の主だった匪賊と連絡を密にし、あらかじめ通行料を支払っておく。匪賊の頭目が市街地に遊びに来たときは接待に努め、一切の費用を負担する。日常的にこのような交流をした上で合言葉を決めておき、標局の側では匪賊が潜んでいそうな場所にさしかかったらそれを唱え、合言葉が正しいことを確認した匪賊の側は襲撃を差し控え、無事の通行を許す。鏢局と匪賊は持ちつ持たれつの関係にあったのだった。

経済を仕切る金融の名家

◆情報を仕入れて金を儲ける

金融業で名をなした家はほぼ例外なく、世界史上の大事件に関わっている。イタリアのメディチ家、ドイツのフッガー家、英国のロスチャイルド家などはその代表格である。

イタリアのフィレンツェを本拠地としたメディチ家は薬種業から金融業へと手を広げ、ついにはトスカーナ公国の君主にまでなった家柄。同家の凄いところは金儲けの手段がどうこうではなく、貯えた金銭の使い道にあった。

フィレンツェと言えばルネサンス発祥の地。建築家のブルネルスキ、彫刻家のドナテッロやミケランジェロ、画家のフラ・アンジェリコらが思う存分才能を発揮できたのも、メディチ家がパトロンとしてしっかりと生活と創作活動を支えたからで、フィレンツェを芸術の街として美しく飾り立てたのも、フィレンツェがルネサンス発祥の地となれたのも、ひとえにメディチ家の功績だった。

フッガー家の存在はメディチ家とは好対照で、同家は南ドイツのアウグスブルクを本拠地とした。織物商に始まり、そこでの貯えをもとに金融業に進出。ハプスブルク家と深く結びつくことで急成長を遂げ、神聖ローマ帝国の皇帝選挙の帰趨も、同家の融資が結果を左右することが多く、1519年にスペイン王カルロス1世が当選して、皇帝カール5世となれたのも、すべてはフッガー家のおかげだった。

けれども、メディチ家が芸術家のパトロンを務めたのとは違い、フッガー家は商売に徹し、莫大な融資を引き受けたのも、利子付き返済かそれなりの見返りを期待してのことだった。

ところが、版図が広くなりすぎたハプスブルク家は軍事費を優先せざるをえず、返済にまわす資金はない。そこで代わりとして与えたのが、ドイツにおける贖宥状販売の独占権だった。

贖宥状は免罪符と呼ばれもする。それを購入すればどんな罪も赦されるという代物で、発行元は教皇庁であったが、当時の教皇庁はカール5世の強い影響下にあったから、ドイツにおける販売権をフッガー家の独占にするなどわけないことだった。

しかし、結果としてそれが宗教改革の始まりにつながったのだから、カトリックの守護者を自任するハプスブルク家としては大きな過ちだった。フッガー家の下請けを務めた販売員が「聖母マリア様をレイプしても、これを購入すれば赦される」などと不敬窮まりない宣伝文句を触れてまわるに及んでは、不振を抱く者が増えていくのは当然の理で、敬虔な神学者のマルティン・ルターが教会の扉に公開の質問状、俗に言う「九十五カ条の論題」を貼り出し、それが多くの賛同を呼んだのも無理のない流れであった。

結局フッガー家は、スペイン・ハプスブルク家への貸し付けが膨大な額に及んだのにも関わらず、同王室が一度ならず破産宣告をしたことで大損害を被り、廃業へと追い込まれるが、当時のプロテスタントはそれこそ神罰と受け止めたのに違いない。

英国のロスチャイルド家はユダヤ系で、当初はドイツのフランクフルトを本拠地とした。各国に支店を設けたなか、もっとも成功を収めたのがロンドン支店だった。1815年のワーテルローの戦いに際しては、独自の情報網でどこの誰よりも最新情報をつかみ、他の業者を偽の情報で踊らせておいて、ロスチャイルド家の独り勝ちを導くなど、国際的ネットワークの利点を最大限活かしたお手本のような存在でもあった。

ロスチャイルド家は英国政府とも密接な関係にあり、同じくユダヤ系のディズレイリが首相を務めていたとき、同家の力を見せつける場面がまたしてもやってくる。問題の物件はエジプトのスエズ運河だった。

スエズ運河の設計と工事を受け持ったのはフランス人のレセップスで、英国はその運河が持つ重要性を軽視していた。ところが、1869年に開通してみると、運河を利用する船舶で一番多いのは英国籍のもので、英国政府は今更ながら後悔した。英国の繁栄を支えるインドとの連絡を密に保つためにも、スエズ運河の利権を何としても獲得する必要があると、ようやくにして気づいたのである。

時に財政難に陥っているエジプト政府がスエズ運河株式の売却を検討しているとの情報が舞い込んできた。議会に諮っていたのでは他国に先を越されかねない。そこでディズレイリはロスチャイルドに緊急融資を依頼した。英国政府を担保にするとまで言って。

かくしてスエズ運河運営会社の株式の過半数を買い占めた英国はスエズ運河の管理権を握ると同時に、エジプトを半植民地化していくのだった。

その後、第一次世界大戦の最中には、英国外相のバルフォアからパレスチナにおけるユダヤ人国家建設への支持を取り付けるなど、英国政府に対するロスチャイルド家の影響力はいささかも衰えを知らなかった。

日明貿易で巨額の富を手にした幕府

◆室町幕府とお金

室町幕府の第3代将軍足利義満は中国の明王朝と冊封関係を結んでまでして日明貿易の実現に力を入れた。１４０１年に開始されたそれは続く義持の代にいったん中断したが、第6代将軍義教のときに再開され、ますます活況を呈した。

室町幕府がそこまで日明貿易に力を入れたのは莫大な富を手に入れられるからで、最大の輸入品は銅銭だった。日本でも７０８年の和同開珎をはじめとして銅銭を国産化する試みがなされたが、品質の向上が図れず、９５８年を最後に放棄されていた。

平清盛が日宋貿易に着目したことはよく知られているが、そこでも一番の目当ては銅銭だった。足利義満も日本のためには貨幣経済への転換が必要で、それには多量の銅銭を輸入するほかなく、外交的な面子よりも国内の実利のほうが大事と割り切り、日明貿易の実現に向けて邁進したのだった。

貨幣経済の浸透は土倉という金融業者の増加をもたらしたが、その業務内容は動産・不動産を担保物件として金銭を貸し付けることを基本とした。幕府の規定で利子は月4分以下とされたが、この規定は徹底されず、高利で貸し付けを行なう土倉も少なくなかった。

現在の日本には自己破産という手続きがあるが、それのない社会では担保の査定額を超える借金があり、なおかつ返済のあてもない場合、妻子を売るか一家をあげて逃亡するか一家心中をするか、借金の無効化を請願するしかなく、最後の手段を選択する場合、個人でやっても効果はなく、どうしても集団で事を起こすしかなかった。

地侍や農民が一致協力して武力行使をも辞さず、権力者に何かしらの要求をつきつける行為は土一揆と呼ばれ、そのなかでも貸借や売買の無効、破棄などを意味する「徳政（とくせい）」を要求する集団行動は徳政一揆と呼ばれた。

室町時代で最初の徳政一揆は１４２８年に近江国（現在の滋賀県）で発生したもので、幕府に迫り全国的に徳政を認める「天下一同徳政令」を出させた最初の例は１４４１年のものだった。このときの一揆は京周辺の民、数万人が参加して16カ所に陣を取り、交代で洛中に攻め入っては土倉への襲撃を繰り返すという激しいもので、幕府はとうてい鎮圧は不可能との判断から徳政令の発布に踏み切ったのだった。

徳政一揆はローカルな世界でも見られ、地侍や農民が地域の土倉に押し入り、借用書の破棄や質物と奪回といった実力行使に及ぶことは私徳政と呼ばれた。農業に依存する社会では借金の完済は難しく、その意味では貨幣経済と徳政一揆は不可分の関係にあるとも言えた。

室町時代とお金と言えば、第8代将軍義政の正室、日野富子についても触れておかねばなるまい。「天下の料足（貨幣）はみな富子のもとに集まる」と言われたほど、蓄財に励んだことで有名だからだ。具体的には関所の設置、米の投機的な売買、高利貸を営んでいたことがわかっている。

関所を設けた場所は京都七口と呼ばれた地方から京に通じる街道上で、内裏（皇居）修理料の名目で関銭を徴収したのだが、この関所はいたって評判が悪く、設置から2年後の1480年には土一揆によりことごとく破壊された。

それに対して高利貸の顧客は諸大名だった。1467年から11年間も続き、京一円を焼け野原とした応仁の乱と呼ばれるこの戦乱には多くの守護大名が参加したが、日野富子は東西両軍のどちらか一方に加担することなく、申し入れがあれば分け隔てなく金を貸した。富子のこの行為は戦乱を終わらせるべく、守護大名に帰国を促すためだったと説明されることもあるが、それでも富子の懐に莫大な資金が流れたことに変わりはなく、彼女を守銭奴の代表格、稀代の悪女とする歴史認識を決定づけるものともなった。

武力の威嚇を効果的に利用して富を手に

◆帝国主義の作法

19世紀は「移民の世紀」であると同時に帝国主義の時代でもあった。列強による植民地化と半植民地化が強力に推進されたからである。そのやり方はいろいろあり、何らかの口実を設けては武力を発動するか武力の威嚇により不平等条約の締結を迫るか、さもなければ経済を牛耳るところから始める場合もあった。

まずインドを例に挙げれば、英国による植民地化の歴史は1651年にまでさかのぼる。それはイギリス東インド会社がベンガル太守から年額3000ルピーの一括支払を条件に、自由通関特権を獲得した年で、1717年にはムガル皇帝からそれを追認する勅令も引き出していた。

次なる画期は1764年のバクサルの戦いで、この戦いでムガル皇帝・ベンガル太守・アワド太守の三者連合軍に勝利した東インド会社はベンガル、ビハール、オリッサ3州の徴税権をはじめとする実質的な支配権を獲得。以降同じやり方の踏襲や武力による併合、武力を誇示した条約の締結などを併用することで支配領域を広げ、19世紀半ばには全インドを植民地化したのだった。

英国はインドとの交通の要に位置するエジプトに対しては一貫して外圧をもって臨み、1840年には関税自主権の放棄と列強による治外法権及び国内市場の開放を承認させた。

ついで1875年にはスエズ運河株式会社の筆頭株主となり、その翌年にエジプト財政が破綻して、列強による国際管理のもとに置かれると、予算の収入を管理する財務大臣職を獲得。予算の支出を管理する公共事業大臣の職を得たフランスと共同で、エジプトの半植民地化を進めたのだった。

これに反発する軍隊の武装蜂起、通称「オラービー革命」が起きると、英国はフランスが国内問題で動きのとれないのを横目に単独出兵に踏み切り、1882年に反乱を鎮圧。エジプトを単独軍事占領下に置いた。

だが、列強が一番に狙いをつけていたのは、かつてヨーロッパ全体を恐怖のどん底に陥れたオスマン帝国だった。財政難に喘いでいたオスマン帝国にとどめを刺したのはクリミア戦争（1853～1856年）で、1854年、帝国は戦争遂行のためにエジプトからの税収を担保に、ロンドン及びパリの銀行団と300万ポンドの借款契約を取り交わす。返済期間が33年、利子6パーセントのそれは帝国にとって最初の借款だった。翌年には追加で500万ポンド、1858年には三度目の借款契約も取り交わされた。

これによりオスマン帝国内では列強の様々な貨幣が流通するようになり、非ムスリムの金融業者を富ませたのとは対照的に、通貨制度は混乱を極めた。そこで英国資本の商業銀行であるオスマン銀行に事態の収拾を依頼したところ、同銀行はフランスの資本家と協力して依頼を完璧に成し遂げるが、英仏資本家の活動はそれで終わらず、１８６３年にはそれまでのオスマン銀行を解散させ、新たにオスマン帝国銀行を設立。そこに銀行券を発行する独占権を持たせたことから、これよりオスマン帝国は自前で紙幣を発行することができなくなってしまった。

オスマン帝国は借款の返済をも迫られていたが、経済が低迷したままでは順調に支払えるはずもなく、１８８１年には列強によるオスマン債務管理局の設立を承認するしかなくなった。英国、フランス、オーストリア、ドイツ、イタリアおよびオスマン帝国銀行からの1名ずつに帝国の代表1名を加えた計7名の理事会が運営にあたり、塩やタバコ、絹製品に課せられる税、狩猟・漁業の免許権など多様な税目を徴収、管理することとされ、オスマン帝国の経済は完全に列強の統制下に組み込まれてしまった。それこそ半植民地化という表現がぴったりの状態だった。

▼世界史に登場した金融都市▲

◆シティとウォール街

世界史上最初のヘゲモニー国家はオランダ。次が英国で、その次がアメリカ。それに伴い金融の中心も変わり、英国ではロンドンのシティ、アメリカではニューヨークのウォール街がその役目を担った。

シティはテムズ川の北岸、ロンドン橋を北へ渡ったあたり一帯を占め、ロンドン発祥の地でもある。紀元43年、ローマ皇帝クラウディウスがイングランド遠征を行なった頃のロンドンは湿地帯が広がるばかりで、同帝はそこを横切る距離が最短で済む渡河点としてテムズ川に架橋を命令。それに伴って築かれた橋頭集落ロンディニウムがロンドンの始まりで、ほぼ現在のシティと呼ばれる区域と重なるのだ。

以来シティはロンドンばかりか英国の商業、金融業の中心地として栄え、英国の中央銀行であるイングランド銀行をはじめ、証券取引所や主要銀行の本店が集中していることから、「もっとも重要な1平方マイル」とも呼ばれるまでになった。1666年のロンドン大火や第二次世界大戦中のドイツ軍の空襲により甚大な被害を被ったが、そのたびに再建されて蘇り、英国経済の中心であることに変わりなかった。

イングランド銀行は、銀行としては最初の株式会社として1694年に設立。1833年には同銀行の発行する銀行券が法貨として認められ、1844年のイングランド銀行条例、通称「ピール銀行条例」により新たな発券銀行の設立が禁止されて以降、中央銀行としての地位を固めていった。

現在、英国紙幣の発行を許されているのはイングランド銀行とスコットランド銀行の2行だけで、国外でも両替可能な紙幣を発行できるのはイングランド銀行のみである。

大英帝国と運命共同体になったことで、19世紀に比べれば見劣りするが、現在でも世界有数の銀行であることに変わりはない。シティについても同じことが言える。

英国からヘゲモニー国家の地位を受け継いだアメリカでは、ニューヨークのウォール街が経済の中心としての役割を担った。

ニューヨークはハドソン川の河口に位置し、町の歴史は1614年にオランダ人入植者が先住民から二束三文でそこの土地を買い上げ、ニューアムステルダムと命名したことに始まる。ウォール街の名もオランダ人入植者が英国人による攻撃を想定し、それを阻むため築いた土塀に由来するが、その甲斐もなく、1664年に同地は英国人入植者の手に渡り、ニューヨークと改名された。

1789年から翌年までの短期間、アメリカの首都となりもしたが、首都がワシントンに移ってからは移民受け入れの東の窓口として栄え、20世紀には西半球でもっとも人口の多い都市へと成長するとともに、国際金融の中心地へと躍り出た。

ニューヨーク市の中でもマンハッタン区のウォール街と呼ばれる区域がそれで、ブロードウェーからイースト川まで7ブロック程度の短い通りだが、そこには1792年設立のニューヨーク証券取引所や連邦準備銀行はじめ、各種金融機関が密集している。

ニューヨーク証券取引所は第一次世界大戦以来、世界最大の証券取引所で、「ビッグバード」の通り名を持つ。1929年の10月24日に株価の大暴落が起きたのがまさにこの場所で、その日が木曜日であったことから、その日は「暗黒の木曜日」と呼ばれている。

「暗黒の木曜日」が全世界を巻き込む世界恐慌（大不況）、さらには第二次世界大戦へとつながったことを思えば、ニューヨーク証券取引所は歴史の生き証人と呼ぶに相応しい場所と言える。

▼戦争に負けた国と勝った国の違い▲

◆戦時賠償金はどうやって払われたのか

戦勝国が敗戦国から賠償金を取り立てる。古来行なわれてきたこの習慣は第二次世界大戦時には適用されず、それ以降も復活することがなかった。その理由はドイツにおけるナチ政権誕生の要因を第一次世界大戦の過酷な賠償金に帰する点で英米両国首脳の見解が一致。愚行の繰り返しはやめにしようと共同声明を発したことにあった。

第一次世界大戦の終結後に結ばれたヴェルサイユ条約では、今回の戦争責任はもっぱらドイツとその同盟国にあるとした上で、戦勝国である連合国側へ戦争責任者を引き渡し、連合国側が被った損害をすべて賠償しなければならないとしていた。

この内容は二つの意味で前代未聞だった。一つは賠償金の支払い理由を戦争責任という道徳問題に還元したこと、もう一つは戦争責任者の処罰を戦勝国が行なうという点である。敗戦国だから賠償を課せられるというならわかるが、戦争責任という理由では納得がいかない。戦争責任者の処罰も敗戦当事国が自主的に行なうべきことで、戦勝国に身柄を引き渡すなど前代未聞のことだったからだ。

のちに経済学者として名をなす若き日のケインズも英国の専門委員という肩書でこの会議に列席していたが、あまりの内容にあきれ果て、途中で委員を辞した上で、ただちに『平和条約の経済的効果』を著わし、自身の見解を世に示した。

後日行なわれたロンドン会議で、賠償金の総額は1320億マルクという天文学的数値に定められた。支払い方法は毎年20億マルクと輸出額の26パーセント、しかも最初の支払いは25日以内に10億マルクという無理難題の山々で、履行できなければライン右岸のルール工業地帯を占領するとの付帯条件までつけていた。

ドイツに到底履行不可能な金額と条件が課せられた背景にはフランスの強硬姿勢があった。フランスは1870年に始まる普仏戦争で味わった屈辱を忘れておらず、ドイツを再建不可能してやらねば気が済まなかったのだった。

ドイツは最初の1年は支払いを完済させたが、さすがに2年目からは無理で、国際社会もそれをよく理解していた。そこでアメリカの財政家チャールズ・ドーズの原案に基づき、向こう5年間の支払い分の減額、アメリカによる8億マルクの借款などが決められ、ドイツも一息つくことができたが、1929年に始まる世界恐慌がすべての努力を無効化してしまった。

そこでアメリカの銀行家ヤングを委員長とする専門委員会が設けられ、賠償金の大幅な減額と支払期限の大幅延長、ドイツ経済に対する外国支配の停止などが決められたが、時すでに遅く、ドイツでは極右政党の台頭著しく、1932年6月の総選挙ではナチ党が第一党へと躍進。政権を握ってからは国際条約を次々と破棄して、再び戦争への道を歩み出すのだった。

ところで、戦時賠償の廃止は英米首脳だけで交わされた取り決めで、ソ連は完全に蚊帳の外だった。そのためスターリンはひどく立腹して、賠償請求こそ断念したが、捕虜の使役と領土の奪取、物資の押収をもってそれに替えた。満洲にあった機械設備がのきなみ持ち去られたのも、北方4島が占拠されたのも、日本兵捕虜の帰国が大幅に遅れたのも、すべてはこれが原因だった。

お金が紙くずに変わる時

◆軍票と幣制改革

先述したように中国の紙幣は国家による保証がなくなれば紙屑も同然。群雄割拠の時代から統一への過渡期は問題がさらに複雑化する。20世紀の中国がまさにそうだった。

中国では1911年の辛亥革命により、中華民国というアジアで最初の共和国が成立するが、1915年に初代大総統の袁世凱（えんせいがい）が帝政への移行を画策したことをきっかけに独立を宣言する省が続出。袁世凱に忠実であった北洋軍閥からも離反者が出たことから、群雄割拠の状態に陥った。

中央政府としての北京政府は存在したが、それは北洋軍閥の操り人形にすぎず、北洋軍閥の内部でも安徽派と直隷派の分岐が生じ、北洋軍閥の勢力圏外では東北三省の張作霖をはじめ、それぞれ地元出身の軍閥が地方政権を樹立。独自の紙幣や軍票を発していた。軍票とは軍が発行した紙幣や手形のことを言うが、暴力を背景にしたその紙切れを、支配下に組み込まれた住民は黙って受け入れるしかなかった。

中国における軍閥混戦には一つの特徴があった。戦いの勝敗が軍事力よりも買収工作の成否にかかっていたことである。戦闘自体の死傷者は少ないのに、その前後の略奪による被害が甚大というのも大きな特徴の一つであった。

経済的な裏付けがなければ、どんなに士気が高くとも、どんなに民衆の支持を多く得ようとも勝ち続けることができない。孫文の後を受け継いだ蒋介石の国民政府も例外ではなく、広東から長江流域までの北伐はソ連肝入りの国際共産主義組織コミンテルンを、その後は浙江財閥と上海の資本家たちを支援者として仰ぎ、1928年12月には一応の完成を見た。張作霖の跡を継いだ張学良が中国国民党の青天白日旗を掲げ、国民政府への忠誠を表明したことで、表面上は中国の統一がなったのである。
表面上と断りを入れたのは、広西の李宗仁、山西の閻錫山（えんしゃくざん）、陝西と河南を支配下に置く馮玉祥（ふうぎょくしょう）など、兵力と地盤を温存したまま国民政府に合流した大軍閥がいたからで、情勢はいまだ流動的だった。蒋介石が兵力削減計画を打ち出した際、自身の直轄部隊にはほとんど手をつけず、他の大軍閥ばかりを対象としたことから緊張は最高潮に達し、ついには中原大戦と呼ばれる内戦が再発。資金力に優る蒋介石の切り崩し工作が功を奏して、内戦は蒋介石の勝利に終わるが、それでも買収に応じた軍閥にはそれなりの地盤と地位を与えないわけにはいかず、華北各省のトップに閻錫山と馮玉祥の旧将たちが据えられた。のちに盧溝橋事件の一方の当事者となる宋哲元（そうてつげん）も、張学良とともに西安事変を起こした楊虎城も馮玉祥の旧将だった。

ともあれ軍権の統一は９割方達成された。次なる課題は経済だった。銀貨の高騰、銀の大量流出、激しいインフレーションの三重苦を克服するのは自力では不可能と判断した蒋介石は英国政府に要請して、その道の専門家であるリース・ゴスを財政顧問として迎えた。かくして１９３５年11月より着手されたのが幣制改革で、名目上は財政部布告の「法幣政策実施弁法」として公布された。中央・中国・交通・中国農民銀行からなる政府系４銀行の銀行券のみを法幣とし、他銀行の銀行券は一定期間後流通を禁止する。銀そのものの流通は即刻禁止するという内容で、これにより全国の経済的統一がなされた反面、新たな法幣を英国ポンドにリンクさせたことから、中国は英国の金融市場に組み込まれることとなった。

この幣制改革により、それまでの軍票は一掃されたが、日中戦争が勃発して、日本軍が占領地で軍票の発行を始めると、それらの地域では元の木阿弥となってしまった。紙幣としての受け取りを拒否すれば収監され、下手をすれば殺される。被占領民に選択の余地はなく、日本の敗戦とともに日本軍発行の軍票が紙屑と化しても誰も保障してくれる者はなく、後に残されたのは日本軍に対する遺恨のみだった。

Chapter 8

発明

世界は常に変わり続ける

人類にとって最大の発明は文字だった

幸福になる発明とそうでない発明

発明という言葉には、今までなかったものを新たに考え出すという意味が込められており、モノである場合もあれば技術や方法、さらには器具や機械の場合もある。「必要は発明の母」と言う格言があるように、人類はよりよい暮らしや利便性、戦いでの勝利のために多くの発明を重ねてきた。

人類の歴史のなかで最初の大きな発明は文字であろう。しかし、5000年以上前に発明されながら、それがすべての人に開放されるまでに非常に長い歳月を要した。文字を読み書きする技術が長いこと特権か特殊技能扱いされてきたからである。

古代エジプトで書記官はエリート職。8世紀頃のヨーロッパでも読み書きのできるのは聖職者に限られ、中国でも近代に至るまで代筆屋という商売が成り立っていた。国の発展に学力の底上げが不可欠という意識が芽生えたのはここ200年のことで、いまだ全世界に行き渡るには至っていない。それが地球規模で見た場合の人類の置かれている現実である。

同じような意味で、民族文字の持つ意味は大きい。文化的独立の象徴であるからだ。19世紀に近代ナショナリズムが盛り上がりを見せたなかで、民族文学や古来の民族伝承が称揚されたのも根はいっしょである。

近代ヨーロッパでは医学上の発明が相次ぎ、20世紀以降はこれに日米両国も加わって、医学は驚くべき進歩を遂げたが、そこで意外なことがわかってきた。一時は非科学的と言われていた東洋医学の有効性が科学的に証明され、現在では西洋医学と東洋医学の融合が当たり前になっているのだ。痛みのあるところを治療する対症療法の西洋医学に対し、病根を治療する根源療法の東洋医学。発明と発見の積み重ねが東西の融合に落ち着くとは、何ともユニークな展開である。

だが、発明は常に人類の幸福につながるとは限らない。そのことは核兵器をはじめとする大量破壊兵器の存在が如実に物語っている。戦争の早期終結が結果として犠牲者の数の抑制につながるとの論理のようだが、非戦闘員への被害や次世代にも受け継がれてしまう遺伝的な後遺症、それに大気・水質・土壌汚染まで加わるとなれば、目先の死傷者数だけで被害の度合いを測ることはできない。人類が生存可能な範囲が狭められる兵器の発明は何者をも幸福にしない。そんな簡単な道理のわからない連中が幅を利かしている状況がよいはずはなく、人類には明るい展望を望めるような新たな知恵の発明が求められている。

現在ある職業の大半が近い将来、ロボットに取って代わられるとも言われているが、その場合、職にあぶれた人びとはどうやって生きていけばよいのか。何によって収入を得るのか。機械の発明だけではなく、今後はこうしたソフト面の発明も必要に迫られるに違いない。

▼わずか100年で驚異的に成長した「計算能力」

◆コンピューターと人工知能は人間を超えるか

ジェームズ・キャメロンが監督を務めたアメリカ映画『ターミネーター』。これの第一作が公開されたのは1984年のことで、当時はエンタメに徹した作品として純粋に楽しめた。しかし、2019年を迎えた現在では、近未来に起こりうるとの現実味が増し、恐ろしさも感じられる。それというのもAI（人工知能）の発達が驚異的な速度で進んでいるからだ。

人工知能とは言語の理解や推論、問題解決などの知的行動を人間に代わってコンピューターに行なわせる技術及びその機器のことを言う。

世界初のコンピューターが開発されたのは1946年のこと。開発者は米ペンシルベニア大学の物理学者ジョン・モークリと技術者のジョン・エッカートで、アメリカ陸軍から弾道計算と照準表を作成する機器の製造を依頼された2人は2年の歳月をかけて完成させた。電子式数値積分計算機の頭文字を取って「ENIAC（エニアック）」と命名されたそれは、人間なら1年かかる計算を1日で終えられる優れものであったが、いまだ性能が不安定だった。

少し遅れてプリンストン大学の数学者フォン・ノイマンの提案に基づき、英国ケンブリッジ大学でEDSACというプログラム内蔵式のコンピューターが開発されるが、今日のコンピューターの原型になったのはこちらのほうである。

その後の研究開発には、軍事技術との兼ね合いもあって不透明な部分もあるが、非軍事部門に使用されるコンピューターに限って見ても、その発達は驚くほど速く、1980年代にワープロが普及したと思われたのも束の間、すぐさまパソコンの時代が到来した。

コンピューターに計算をさせるだけでなく、思考をさせる試みも本格化し、1997年には人工知能がチェスの世界王者、アゼルバイジャンのカスパロフとの六番勝負で勝利するまでになった。

それから囲碁で人間を抜くまでには少なくとも50年かかると言われていたが、これまた短期間で長足の進歩を見せる。2016年には韓国のトップ棋士イ・セドルとの五番勝負、その翌年には中国のトップ棋士柯潔との三番勝負でも勝利を得て、囲碁を知る人はもちろん、世界中を驚かせた。日本の将棋はチェスのルールとよく似ているから、プログラミングさえ済めば、AIが勝利するのは間違いないと思われる。

経験から学ぶ能力、自ら学習する能力まで備わったことで、人びとはAIの利便性だけではなく、危険性をも現実味をもって感じるようになった。地球の存続にとってもっとも不都合な存在は人類だから、それを滅ぼそうと考え、行動に出始めるのではないかと。

だが、それ以前に問題が発生した。マイクロソフト社が開発した「テイ」というAIが反ユダヤ主義に染められてしまったのである。プログラミングの段階でそのような設定がなされたことに原因があったのだが、これは人類にとって大きな教訓となった。基本的なデータに偏向があれば、とんでもない結論しか導き出さず、本来の役割を果たせないどころか、とんでもない凶器になりかねないということを。

人間の手で修正が効くうちは、まだ安心してよいのかもしれない。

▼世界の文字では少数派の漢字▲

◆漢字とアルファベットはどう違うのか

人類最古の文字はシュメールの楔形文字と中国・殷王朝時代の甲骨文字である。シュメールとはメソポタミア南部のバビロニアのそのまた南部の地名であると同時に最古の文明を築いた民族に与えられた名称でもある。

エジプトのヒエログリフ（聖刻文字）もシュメールの楔形文字と同じくらい古いが、ギリシア人の支配下に置かれている間に使われなくなり、途絶えてしまった。それに対して楔形文字はフェニキア人を通じてギリシア、ローマへと伝えられ、アルファベット文字を生み出した。東方にも伝播して、インドのサンスクリット語を表記するのに用いられたブラーフミー文字を生み出している。

いっぽうの甲骨文字は漢字になり、日本の仮名文字も漢字をもとに作り出された。

漢字の一番の特徴としては、表意文字であることが挙げられる、即座に読めなくとも、偏や冠から何に関する言葉かを連想できるのだ。表音文字にはとうてい不可能なことである。そんなことを考慮に入れると、漢字文化圏とそれ以外の人間の感性に違いが出てくるのは、むしろ当然のことなのだった。

朝鮮半島のハングルは少し特殊で、母音10、子音14の計24字からなり、数だけで言うならアルファベットに近い。一説によると、考案にあたっては元王朝のパスパ文字を手本とし、パスパ文字はチベット文字、チベット文字はブラーフミー文字を手本にしたというから、それが本当であれば、ハングルも楔形文字の後裔となる。アルファベットとも遠い親戚ということだ。

まとめると、東南アジアの諸文字はブラーフミー文字、スラブ文化圏のキリル文字はギリシア文字、アラビア文字やペルシア文字、ヘブライ文字も楔形文字に倣っているから、現在使用されている文字のうち中国、台湾、日本のものを除けば、あとはみな楔形文字の後裔ということになる。世

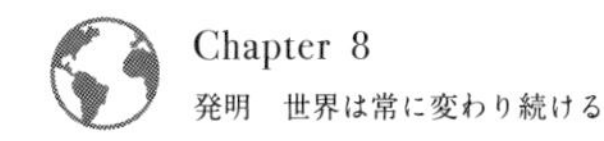

界を文字で分けるならば、漢字文化圏は少数派なのだ。

以上とは別系統の文字としてはインダス文字とマヤ文字が挙げられるが、どちらも現在では使用されておらず、インダス文字に至っては解読もされていないから、ここで深く語ることはやめておこう。

文字の発明は人類の歴史上、大きな画期だった。語り部の手を借りずとも、膨大な情報を後世に伝えることができるようになったのだから。口頭での伝承が途絶えても、文字に残されていれば復活させることが不可能ではなくなり、これほどありがたいことはなかった。

だが、良いことばかりではなく、文字の発明と普及が記憶力の低下をもたらした事実は否めない。

ところで、漢字一つをとっても、現在の中国本土と台湾、香港、日本ではそれぞれ微妙な違いが生じている。本来の漢字を保っているのは台湾、香港で、そこで使用されている漢字は繁体字と呼ばれる。それに対して中国本土のものは簡体字。識字率を向上させるため、文字の簡略化が図られた結果で、計画は1930年代からあったが、実行されたのは中華人民共和国の成立後になった。日本の漢字には正字と俗字があり、正字は繁体字にあたる。それでは画数が多すぎるというので、現在では画数の少ない俗字を使うのが普通になっている。

秘匿されてきた紙の製法

◆紙と印刷機が生まれて本が普及した

古代エジプトではカミガヤツリという植物製のパピルスに文字を書いた。パピルスは英語の「ペーパー」の語源ではあるが、厚みがあって硬い上にゴワゴワしていて、「紙」と呼ぶにはかなりの抵抗を感じる。それでも古代ギリシア・ローマ世界で使用されていた羊皮紙よりは薄く、使い勝手もましだった。

その後もヨーロッパでは長く羊皮紙が使用されたが、中国では早くも前漢時代から紙の製造が始められ、紀元105年、後漢の蔡倫が皇帝に試作品を献上したことをもって紙の発明とする。

紙の製造法は長らく秘匿され、中国以外に伝えられはしなかった。しかし、751年、イスラームのアッバース朝と唐のあいだで行なわれたタラス河畔の戦いに際し、アッバース朝の捕虜となった兵士のなかに紙漉き職人がいたことから、イスラーム世界に伝わるところとなった。

それからヨーロッパに伝えられるまでにまた時間がかかり、北アフリカからシチリア島を経てイタリア半島に伝えられたのが1109年、現在のモロッコからスペインに伝えられたのはそれより少し後のことだった。

それ以前、中国の唐では木版印刷術が発明され、現存する最古の印刷物は莫高窟で有名な敦煌で発見された『金剛般若経』で、８６８年の刊とある。唐代の印刷物は仏教経典に限られたが、続く五代十国時代には、後周の９５３年に政府による出版事業が開始されている。これは儒教の経典が印刷された最初の例でもあった。続く北宋の時代、木版印刷術は民間に開放され、営利目的による出版文化の隆盛と地主の子弟からなる読書人という新たな階層を生み出すことにつながるのだった。

木版印刷術は画期的な発明ではあったが、細かな修正が効かないという欠点もあった。誤字脱字を訂正する場合、ページごと彫り直さなければならなかったのだ。

それに対し、文字を一つ一つ組み合わせる活版印刷術が発明されたのはヨーロッパのドイツ、時に15世紀中頃のことだった。

発明者に関してはオランダのコルテスとする説をはじめ、イタリア起源説、ボヘミア起源説など複数挙げられているが、もっとも有力視されているのはドイツのマインツ生まれのヨハネス・ゲンスフライシュ、グーテンベルクの俗称で知られる人物である。

グーテンベルクの生涯については不明な部分が多いが、アルザスのシュトラスブルク（ストラスブール）などで修業を積んだ後、１４４８年頃にマインツへ帰郷。時期を同じくして木版印刷によるカレンダーが刊行されており、確証には欠けるのだが、彼以外にはありえないというので、これもグーテンベルクの功績に数えられている。

明らかにグーテンベルクの手になる活版印刷物とされるのは、1455年頃に刊行された『42行聖書』、俗に言う「グーテンベルクの聖書」が最初である。

これを機に活版印刷術はドイツ全土に広まり、1517年に始まるドイツの宗教改革にも大きな影響を及ぼすのだった。

マインツではグーテンベルクの生誕500年を記念して、1900年にグーテンベルク博物館を開設。初期の印刷物や印刷機器が数多く展示され、15世紀当時の印刷術を再現した印刷実演も見学できるので、マインツに近いターミナル都市フランクフルトを訪れる機会があれば、マインツまで足を延ばすことをお勧めしたい。

中国で生まれて、欧州が使いこなした

◆羅針盤により世界地図が拡大

紙、火薬、印刷術と並んで、「中国四大発明」と呼ばれるものに羅針盤がある。羅針盤とは英語で言うコンパス。船舶や航空機の針路を定め、方位を測定するための計測器で、初期のものは地球の磁場の方向を基準として磁石を使い、方位を測定する磁気コンパスだった。

中国では方位磁石のことを「指南針」と呼ぶ。磁針が南の方向を指すからで、その原理自体は紀元前から知られていた。しかし、人工的に磁針を作り、羅針盤として航海に利用するようになったのは11世紀、北宋時代のことだった。

唐代末期の黄巣の乱（875〜884年）以来、下火になっていた海外貿易は五代十国時代の地方政権のもとで息を吹き返し、北宋2代目皇帝の太宗は987年、来貢を促すため8人の使節を南海諸国に派遣している。

南海貿易の窓口としては南から広東の広州、福建の泉州、明州（現在の浙江省寧波市）、浙江の杭州の各港が開かれ、それぞれに外国貿易を専門に管理する市舶司という特別官庁が設けられた。

北宋はただ外国船が来るのを待つだけではなく、国内の商船が海外に赴くことも認めていた。広東・福建の海商たちもイスラーム商船を参考にしながら造船技術を高め、遠洋航海に耐えうる船舶を造り出し、積極的に外洋に乗り出した。

陸地はおろか島影さえ見えない外洋航海で、頼りになるのは日中の太陽と夜の星だけ。空が曇っていればそれすら期待できない。そこで目をつけられたのが磁石の指南性で、羅針盤の発明は必要に迫られてのことだった。

遠洋航海の安全性が一気に高まったことで、それまでは考えられなかった遠くまで足を延ばす冒険心豊かな者も少なくなかった。一番遠くではアラビア半島にまで達していたようだが、いったいどれだけの日数がかかったのか。

12世紀末の周去非（しゅうきょひ）という人が著わした『嶺外代答（れいがいだいとう）』という書物では、11月に広州を出帆した船は40日でスマトラ島の西北部に至り、そこで西北の風を待って一気にインド洋を横断すればペルシア湾（アラビア湾）の入り口に達するとした上で、往復に要する歳月を2年としている。

それと逆の航路を、アラブやイランの商船は羅針盤なしに行ない、唐代の中国まで来ていたのだから、その航海術も相当なものである。先述したようにローマ帝国の使節も訪れているのだから、航海術に関しては一貫して西高東低の状態が続いたと言えるだろう。

とはいえ、北宋における羅針盤の航海への運用はやはり画期的なことで、東南アジアの各港に華僑社会ができるきっかけとなった。第一次華僑ラッシュの始まりを促したと言っても過言ではない。

ちなみに、羅針盤の実用化は海上貿易より早く軍事の分野で行なわれており、1044年に完成された軍事技術書『武経総要』で取り上げられているから、実戦への応用開始はそれより前と見て間違いなかろう。

機械の時代を生んだ蒸気機関

◆産業革命の起爆剤となった大発明

産業革命の至上命題は機械による大量生産だったが、それには従来の人力や畜力ではとても足りず、風力は不安定で、水力は立地が限られる。そこで新たな動力として着目されたのが蒸気だったが、実用化までの道のりは長く険しいものだった。

1712年、トマス・ニューコメンによって世界最初の蒸気機関が発明され、実用化にもこぎつけるが、いまだ問題が多く、産業革命の起爆剤とはなりえなかった。そこで登場するのが、専門の教育こそ受けていないが、知識と技術では誰からも一目置かれていたスコットランド出身のジェームズ・ワットである。グラスゴー大学の構内に場所を借り、器具製作者として開業していた彼のもとに大学から、ニューコメンが開発した大気圧機関の模型修理の依頼が舞い込んだことで、すべての歯車が動き出した。以来彼は蒸気機関の改良に専念。1769年には蒸気機関に関する特許を取得するなど、蒸気機関の性能・用途を飛躍的に拡大させることに大きく貢献した。ワットの発明により、各種の工場で蒸気機関が採用され、産業革命が本格化したのである。

蒸気機関を船舶に応用したのはロバート・フルトンというアメリカ人だった。英国とフランスで修業を積み、1806年に帰国。蒸気船の改良に着手してクラーモント号を完成させると、1807年にはハドソン川で世界初の汽船による定期便の運航を開始した。1814年には世界最初の蒸気戦艦の建造にも成功している。

同じく1814年、英国ではジョージ・スティーブンソンが世界で最初に蒸気機関車の試運転に成功。1825年に走行した最初の旅客列車の機関車も彼の設計である。1830年に完成したリバプール～マンチェスター間の鉄道建設の技術指導にもあたり、彼の設計した機関車「ロケット号」は時速48キロで30人の乗客を乗せた列車を引いて、世間を驚かせた。

蒸気機関を動かす燃料は石炭やコークスで、後者は粘性のある石炭から作り出される固体燃料のこと。これらの需要に応えるため、各地で炭鉱開発が活発化することとなった。化石燃料の時代の

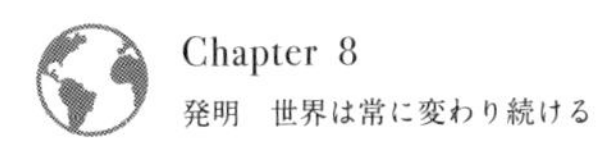

到来である。

　これら一連の発明と改良により、蒸気を動力とする時代が到来。工業と輸送の分野に革新が起きたことで、世界は新たな秩序づくりに向けて大きく動き出すのだった。

▼目に見えない力を人類は手に入れた▲

◆電気と電子機器は新しい時代の扉を開けた

　19世紀は科学上の発明が相次いだ。産業革命の延長線上から、欧米で近代科学が開花し、電気を使った様々な機器が発明されたのである。

　電気を起こす装置や電池はすでに発明されていたが、それが実社会に活かされるようになったのは19世紀になってからだった。

　突破口を開いた人物としてはイギリスのウィリアム・ジョージ・アームストロング、アメリカのベンジャミン・フランクリン、サミュエル・モースなどを挙げることができる。アームストロングは1840年に水力発電機を発明。フランクリンは雷が電気現象であることを証明したのに続いて、1849年には避雷針を発明し、その2年後には『電気に関する実験と観察』という名著を刊行。モースは画家を本業としながら電信機とモールス信号を発明した人で、1838年頃までに議会の認可を取り付け1844年には首都ワシントンとボルティモア間に最初の電信線が架設されている。

こうなるともう発明の波はとまらず、1876年にはアメリカのグラハム・ベルが電話機、1895年にはイタリアの電気技師マルコーニが無線通信機を発明。「発明王」の異名をとったアメリカのトーマス・エジソンも1877年に蓄音機、1879年年には白熱電球、1891年には活動写真を発明している。白熱電球は電気を利用した灯火、すなわち電灯にほかならず、それの発明は夜の過ごし方を変える大事件でもあった。

日の出とともに起き、日没とともに眠る。それが本来の過ごし方で、ロウソクやランプが普及したことで、就寝時間は若干遅くなったが、それでも夜が眠るためにあることに変わりなかった。ところが、電灯の発明は夜を最大の娯楽時間とした。都会にはそれ専用の店が次々と生まれ、趣向を凝らした新しい見世物も数多く生まれた。それまでは性産業しかなかった夜の商売が多様化し、夜こそがお金のもっともまわる時間帯と化したのだった。

1900年に開催されたパリ万国博覧会は電気の時代の本格化を示す一大セレモニーとなった。ライトアップされた電気館の輝きは人びとの心を強くとらえ、上流階級だけでなく中産階級の家庭でも電気を引くことに前向きとなったのである。

コストの問題で、電話の普及は急速には進まなかったが、それでも従来の郵便事情を大きく変えることとなった。都会では一日に6回前後行なわれていた郵便配達が1日1、2回に減少。20世紀初頭、裕福な家庭では急ぎの要件は電話で伝えるのが一般化した。

電灯と電話ときたら、次はラジオとテレビである。ラジオを発明したのはカナダの電気技術者レジナルド・フェッセンデンで、1900年に距離1マイルでの音声の送受信に成功した。その後の改良を経て、最初のラジオ放送が行なわれたのは1906年の12月24日、アメリカのペンシルベニア州でクリスマスの挨拶をしたのがそれだという。世界最初の公共放送は1920年11月2日にアメリカで行なわれ、放送内容は大統領選挙の開票結果だった。

いっぽうのテレビの開発は1870年代から行なわれていたが、実用化されるまでには時間がかかり、最初の公開実験が行なわれたのは1925年の英国で、それからアメリカで実用化されるまでになお8年もの歳月を待たねばならなかった。

産業革命は交通革命でもあった

◆自動車と航空機による領土の拡大

産業革命は交通革命を伴った。工場で生産した商品を港まで運ばなければならなかったからだ。英国の場合、当初は道路と水路が利用されたが、当時の英国において一番まともな道路は古代ローマ時代に築かれたもの。まずはそれを修復拡張するところから始め、次には水路の堆積土の浚渫(しゅんせつ)、鉄道の建設へと進み、よい道路ができたならば、そこを馬車の独占物にしておくのはもったいない。科学の進歩に見あう新たな交通手段が生まれるのは自然な流れでもあった。

熾烈な開発競争に勝利したのはドイツの機械技術者ゴットリープ・ダイムラーだった。彼は4サイクル内燃機関の発明者であるドイツ人ニコラウス・アウグスト・オットーの会社を退職した後、内燃機関の研究を進め、1883年には従来のものより軽くて効率のよい高速エンジンの製作に成功して、軽量高速ガソリンエンジンの特許を取得。2年後には世界初のオートバイを開発し、その翌年には四輪ガソリン自動車の試作を完成させ、1890年にはダイムラー自動車会社を設立。1899年からメルセデス車の生産を開始したのだった。

時期を同じくしてカール・ベンツの活躍も目覚ましかった。代々鍛冶屋の家に生まれた彼は、父が鉄道の機関士だったこともあって技術者となる道を選び、馬のいらない車の製造を悲願とした。ガソリン駆動の三輪車に始まり、四輪自動車のビクトリア、小型四輪車のヴェロなど画期的な開発を次々と重ね、1899年には競争車用の最初のシリーズも手掛けるなど、遊び心も満載だった。1926年には自社とダイムラー社の合併に踏み切り、メルセデス・ベンツの製造を開始。同社を世界有数の高級自動車メーカーに成長させる礎を築いた。

科学の力に目覚めた人びとの欲求は大空にも向けられた。気球に始まり、飛行船とくれば、次は鳥のように空を飛べる飛行機の開発である。1891年にドイツのオットー・リリエンタールが有人のグライダー飛行に成功したことに刺激され、アメリカでも幼い頃から機械好きだったウィルバーとオーヴィルのライト兄弟が動力飛行の実現を目指して奮闘を重ねた。

その結果、1903年12月17日、ノースカロライナ州のキティホークで人類初の動力飛行に成功するのだが、これを機会に欧米全体で飛行機開発に火がつき、第一次世界大戦に際しては史上初めて戦闘機が登場する。偵察を主な任務とし、搭載する武器は後部座席の者が使用する機銃くらいであったが、第二次世界大戦時には「空を制する者が戦いを制する」とまで言われるほど、戦闘力が強化されるのだった。

ノーベルの苦悩は人類の苦悩でもあった

◆火薬からダイナマイトまで

火薬もまた「中国四大発明」のひとつで、硫黄と硝石、木炭を混ぜ合わせた黒色火薬が唐代に発明され、唐代末期には軍事利用もされていた。宋代には火箭として利用され、それがモンゴル人によりイスラーム世界にもたらされ、大砲の発明につながった。

当初の砲弾は炸裂せず、標的を打ち壊すものだったが、15～16世紀頃から炸裂する砲弾が現れる。ただし、日本への蒙古襲来（元寇）の際に元軍が使用した「てつはう」なる兵器は爆発をしたと言うから、大砲を使わない炸裂兵器は13世紀にすでに存在したことになる。

火薬の破壊力は一瞬にして人命を奪うことができる。だが近代になると、鉱山の採掘や戦場でより強力な爆薬が求められるようになった。

多くの技術者が試行錯誤を繰り返すなか、最初に跳び抜けた発明をなしたのはトリノ工科大学のアスカニオ・ソブレロだった。１８６４年にニトログリセリンの合成に成功したのである。

しかし、起爆性があまりに強いためにソブレロ自身は実用化に二の足を踏み、発明を公表しながら、そこから先に進めずにいた。使用者の安全が確保できないことには、意味をなさないと考えたからである。

そのニトログリセリンに着目したのがスウェーデンの事業家アルフレッド・ノーベルだった。彼は弟とともにニトログリセリンの製造工場を建設するが、ソブレロが危惧したように爆発事故が起こり、弟を亡くした上に政府から工場の閉鎖を命じられる羽目となった。

これを機にノーベルはニトログリセリンの安全な持ち運びと取り扱いについての研究にのめり込み、1867年には英国で特許を取得。1875年頃には膠質(にかわ)のダイナマイトと雷管を完成させた。火薬とは比べ物にならない破壊力に加え、安全性が高まったことで、ダイナマイトは鉱山経営者や土木関係者に広く受け入れられた。これで自信を深めたノーベルは、1876年にはさらに高性能な火薬の爆発ゼラチン、1890年頃には最初の無煙火薬の開発にも成功。これも広く受け入れられたことから、莫大な富を手にすることとなった。

ただし、ダイナマイトの軍事利用に関してはノーベルの予測は甘かったようで、戦場での実情と死傷者の数を知らされるたびに、ノーベルは苦悩を募らせていった。弟の死を無駄にしないために打ち込んだ事業が原因で、死人の山が増えていくばかりだったのだから。

長く苦しい後悔の繰り返しを経て、ノーベルは1896年に亡くなる前に遺言を残し、すべての遺産を基金としてノーベル賞を創設。その運営をスウェーデン王立科学アカデミーに一任した。

かくしてノーベルの5回目の命日にあたる1901年12月10日に第一回のノーベル賞授賞式が執り行なわれたが、受賞対象は物理学、化学、生理学・医学、文学および平和の五分野において「過去1年間に人類に対して最大の貢献をした者」とされ、記念すべき第一回のノーベル物理学賞の受賞者はドイツの物理学者レントゲン、生理学・医学賞は同じくドイツの細菌・免疫学者エミール・ベーリング、平和賞は国際赤十字の創始者アンリ・デュナンといった面々で、いずれ劣らぬ偉人たちだった。

核兵器と原子力を人類は制御できるのか

◆プロメテウスの火を手にした人類

核分裂反応が発見されたのは1938年のことだった。翌年には核分裂反応が莫大なエネルギーを生み出し、強大な兵器になりうることも明らかになった。これらはどちらもドイツの化学者オットー・ハーンとフリッツ・シュトラスマンの研究成果だが、時のドイツはナチ政権の独裁下にあり、

目的のためなら手段を選ばないそのやり方を危惧する者は多く、ドイツからアメリカに移住した理論物理学者のアルベルト・アインシュタインもそのなかの一人だった。

アインシュタインは時のアメリカ大統領フランクリン・ルーズベルトに書簡を送り、想定される最悪の事態について警告した。これを受けてアメリカ政府は英国政府と情報交換をしながらひそかに計画を練り、1942年8月から原子爆弾（原爆）の本格的な開発に着手した。ドイツより早く実用化する以外に対抗手段が思い付かなかったからだった。

原爆の開発はドイツだけでなく日本でも進められた。ドイツが潜水艦を使ってプルトニウムを日本に送ったとの情報も得ていたことから、大西洋と太平洋の二正面作戦を展開していたアメリカとしては、日独のどちらにも先を越されるわけにはいかなかった。

だが、後からわかったことだが、ドイツでは予算と時間との都合で、初期段階のうちに核開発は放棄されていた。日本も予算の都合で打ち切りになっていたのだが、そこまでの情報はアメリカの知るところとはならず、もし正確な情報を入手していれば、広島と長崎への原爆投下もなかったかもしれない。原爆の使用には、地上戦での損害の回避とできるだけ早期の終戦に加え、追い詰められた日本が原爆や化学兵器の使用に踏み切ることへの懸念も働いていたからだ。

第二次世界大戦の終結時、アメリカは唯一の核保有国だった。すぐに使える核弾頭は底をついていたが、いつでも新しいものを製造できる状態にあった。

原爆の製造に携わった学者のなかに、原爆をアメリカ一国が独占することに懸念を抱く者がいた。その学者がソ連に機密情報を流したことで、ほどなくしてソ連も核保有国になる。アメリカによる一極支配の構図は崩れ、米ソ二大超大国による冷戦という新たな局面が生まれたのだった。

原子力エネルギーの平和利用が開始されたのは第二次世界大戦後のことだった。原子力発電（原発）がそれで、核燃料1キログラムから発生するエネルギーは石炭3000トンに匹敵したことから、断然効率的だった。発電所建設にかかる費用は高いが、燃料費は安く、石炭や石油がもたらすような煙による大気汚染や二酸化炭素の発生による地球温暖化の心配もない。ただし、放射能漏れ事故が起きた時の被害は甚大で、使用済み放射性廃棄物の最終処理をどうするかいう問題もあり、原発の是非は早急に答えの出せる問題ではなかった。

現に旧ソ連ではチェルノブイリ原発事故、アメリカでもスリーマイル島原発事故、日本でも東日本大震災に際して東京電力の福島第一原発の放射能漏れといった一大惨事が起きており、原発に対する懸念は世界中で強まりつつある。

▼死ななくなった人類と伸びた寿命▲

◆医学上の発明が変えたもの

医学上の画期的な発明、発見は科学の進歩と相関関係にあるため、やはり近代以降に集中している。その先駆者の言えるのが、フランスのルイ・パスツールと英国のエドワード・ジェンナーである。パスツールは狂犬病のワクチンを完成させたほか、家畜の病菌に関する研究を進め、「近代微生物学の祖」と呼ばれた。その成果をもっとも色濃く受け継いだのがジェンナーで、彼は1796年に疱瘡の免疫(種痘)を造ることに成功。多くの感染症の予防接種の出発点となる種痘法を誕生させた。

次に挙げるべきはドイツのロベルト・コッホで、彼は特定の菌がある疾患の病原体であると決定するための「コッホの4原則」を確立させ、それに基づき1876年には炭疽菌の原因を特定した。1881年には細菌を純培養する方法を考案し、1882年には結核菌、その翌年にはコレラ菌を発見、1890年には結核菌からツベリクリンの製造に成功するなど偉大な功績を重ね、「近代細菌学の開祖」と呼ばれるまでになった。

コッホはベルリンに伝染病研究所を設立するが、世界中から多くの人材が学びに来るなか、北里柴三郎という日本人の姿もあった。北里も破傷風の予防法と治療法の確立、ペスト菌の発見など数々の業績を残し、「日本細菌学の父」と呼ばれる。この北里の弟子のなかから、やがて世界に名をなしたのが野口英世である。

時間は少し飛ぶが、ロシア系アメリカ人のエイブラハム・ワクスマンが結核菌に有効なストレプトマイシンを発見したのは1952年のことで、これを抗生物質と命名したのも彼自身であった。

外科の分野では一番に英国のジョセフ・リスターを挙げねばならない。彼はパスツールより早く、微生物が化膿や腐敗に関係して、大気中や器物に存在することを突き止めていた。その上でフェノール(石炭酸)を使った殺菌法を考案し、無菌手術の創始者となったのだった。

外科手術の成功率を高めた功労者として、オーストリア出身のラントシュタイナーを見逃すこともできない。彼はABO式血液型の発見者で、彼の研究により輸血における一番の問題が解決されたのだから、彼がノーベル生理学・医学賞を受賞したのも誰もが納得の出来事であった。

初期のノーベル生理学・医学賞受賞者を顧みれば、第1回の受賞者は北里柴三郎とともに破傷風とジフテリアの血清療法を創案したほか、ウシ結核の免疫ワクチンを開発したドイツのベーリング、第2回はマラリア撲滅の突破口を開いた英国のロナルド・ロス、第3回は「近代光線療法の父」と呼ばれるデンマークのニールス・フィンセンというようにそうそうたる顔ぶれだった。

島崎 晋（しまざき・すすむ）

1963年（昭和38年）、東京都に生まれる。立教大学文学部史学科卒業（東洋史学専攻）。大学在学中に、立教大学と交流のある中華人民共和国山西大学（山西省太原市）への留学経験をもつ。卒業後は旅行代理店勤務ののち、編集者として歴史雑誌の編集をおこない、のちに主として歴史関係・宗教関係を著述する作家として独立した。近著に『いっきにわかる！世界史のミカタ』『「お金」で読み解く日本史』『目からウロコの中東史51のテーマでイスラーム世界を読み解く』など多数。

仕事に効く！
繰り返す世界史

2019年 3月22日　初版発行

著　者　島崎 晋
発行者　野村直克
発行所　総合法令出版株式会社
〒103-0001 東京都中央区日本橋小伝馬町15-18
ユニゾ小伝馬町ビル9階
電話　03-5623-5121
印刷・製本　中央精版印刷株式会社

ISBN 978-4-86280-670-3
総合法令出版ホームページ　http://www.horei.com/